Lohnhöhe und Beschäftigung

Von

Dr. Wilhelm Krelle

und

Prof. Dr. Heinz Haller

Herausgegeben von Prof. Dr. Erich Schneider

VERLAG VON DUNCKER & HUMBLOT

BERLIN 1955

Schriften des Vereins für Sozialpolitik

Gesellschaft für Wirtschafts- und Sozialwissenschaften

Neue Folge Band 11

SCHRIFTEN
DES VEREINS FÜR SOZIALPOLITIK
Gesellschaft für Wirtschafts- und Sozialwissenschaften
Neue Folge Band 11

Lohnhöhe und Beschäftigung

Von
Dr. Wilhelm Krelle
und
Prof. Dr. Heinz Haller

Herausgegeben von Prof. Dr. Erich Schneider

VERLAG VON DUNCKER & HUMBLOT
BERLIN 1955

Lohnhöhe und Beschäftigung

Von

Dr. Wilhelm Krelle

und

Prof. Dr. Heinz Haller

VERLAG VON DUNCKER & HUMBLOT

BERLIN 1955

Gedruckt 1955 bei Richard Schröter, Berlin SW 29

Vorwort

Der Theoretische Ausschuß des Vereins für Sozialpolitik hat in seinen Sitzungen im Januar 1953 in Dortmund und im September 1954 in Bad Nauheim die Beziehung zwischen Lohnhöhe und Beschäftigung erörtert.

Den Diskussionen lagen die in dem vorliegenden Band veröffentlichten Referate von Dozent Dr. W. *Krelle* (Heidelberg) und von Professor Dr. H. *Haller* (Kiel) zugrunde. Herr Krelle beschäftigt sich mit den einzelwirtschaftlichen, Herr Haller mit den gesamtwirtschaftlichen Aspekten des Problems.

Einige der im Anschluß an das Referent von *Haller* vorgetragenen Diskussionsbeiträge sind in ihrem vollen Wortlaut aufgenommen worden.

Kiel, im Februar 1955

E. Schneider

Inhalt

Der Einfluß von Lohnveränderungen auf Preise und Beschäftigung*

Von Dozent Dr. Wilhelm *Krelle*, Heidelberg

Es gab eine Zeit, da schien das im Thema aufgeworfene Problem ziemlich gelöst zu sein. Das war zur Zeit der „Blüte" der Grenzproduktivitätstheorie des Lohnes (etwa zu Zeiten J. B. Clarks oder Boehm-Bawerks). Der Zusammenhang schien eindeutig der folgende zu sein: Steigen die Löhne, so sinkt die Nachfrage nach Arbeit, da die Arbeitsnachfragekurve im wesentlichen (d. h. mit den durch die Marktform bedingten Abweichungen) der Netto-Grenzproduktivitätskurve der Arbeit entspricht und diese als fallend abgeleitet werden konnte. Das war die allgemeine Anschauung, und die Praxis handelte entsprechend. Heute, nach der Weiterentwicklung der Kreislauftheorie, nach dem Vordringen der dynamischen Theorie und nach den neuen Gesichtspunkten, die von Keynes in die Debatte geworfen wurden, muß man wieder sehr viel bescheidener sein. So führt J. M. Clark in seinem Sondervotum zum UNO-Gutachten[1] mit Recht aus, daß das Problem „noch" in den Kinderschuhen stecke — er hätte fast sagen können: wieder. —

Unser Problem gewinnt ein ganz verschiedenes Aussehen je nachdem, ob man es partiell oder total auffaßt. Wir wollen hier nur den ersteren Fall behandeln und den zweiten, ungleich schwierigeren, einer gesonderten Betrachtung überlassen. Unser Problem lautet dann: Wie wirken Lohnveränderungen in einem Betrieb (oder in einer Branche) auf die Beschäftigung, auf den Preis des Endproduktes, die Preise der übrigen Faktoren und die Preise der substitiven und komplementären Produkte? Dies Problem ist in aller Allgemeinheit lösbar, und zwar auf dem Wege, den die Grenzproduktivitätstheorie des Lohnes gewiesen hat. Wir dürfen natürlich nicht nur einen Markt, den Arbeitsmarkt, dabei ins Auge fassen, sondern müssen die ganze Traube der vor-, neben- und nachgeordneten Märkte z u g l e i c h betrachten (Abb. 1). — Wir beginnen mit dem Einzelbetrieb, um die Überlegungen später für die Branche zu erweitern.

---

* Vorgetragen auf der Sitzung des Theoretischen Ausschusses des VfS im Januar 1953 in Dortmund.

[1] „Nationale und internationale Maßnahmen zur Vollbeschäftigung" deutsche Übersetzung, Köln 1950.

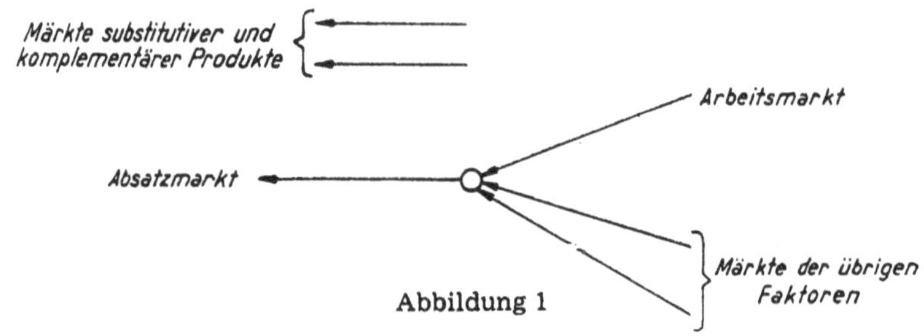

Abbildung 1

Wir gehen von der Annahme aus, daß der Unternehmer den Gewinn maximieren will. Bezeichnen wir den Gewinn mit G, den Preis des Endproduktes mit p_x, die abgesetzte Menge des Endproduktes mit x, die Preise der Faktoren mit $p_1, \ldots p_n$, ihre nachgefragten Mengen mit $m_1, \ldots m_n$, die Steuern, Abgaben usw. mit S und schließen wir alle Vorratsänderungen aus, so ist

(1) $$G = p_x \cdot x - (p_1 m_1 + p_2 m_2 + \ldots p_n m_n + S)$$

Der Faktor 1 sei die betrachtete Arbeit. Um sie aus der Zahl der übrigen Faktoren herauszuheben und die Gleichung zu vereinfachen, setzen wir

$$p_1 = l \text{ (Lohn)}$$
$$m_1 = a \text{ (Arbeit)}$$
$$p_2 m_2 + \ldots p_n m_n + S = K^* \text{ (sonstige Kosten).}$$

Dann lautet (1):

(2) $$G = p_x \cdot x - (l \cdot a + K^*)$$

Das Gewinnmaximum tritt in dem allgemeinen Fall preisabhängiger Angebots- und Nachfragefunktionen bei der Arbeitsmenge ein, bei der

$$\frac{dG}{da} = p_x \cdot \frac{dx}{da} + x \cdot \frac{dp_x}{dx} \cdot \frac{dx}{da} - a \cdot \frac{dl}{da} - l - \frac{dK^*}{da} = 0 \quad \text{oder}$$

(3) $$l = p_x \cdot \frac{dx}{da} - \frac{dK^*}{da} + x \cdot \frac{dp_x}{dx} \cdot \frac{dx}{da} - a \cdot \frac{dl}{da}$$

(3) ist der Grenzproduktivitätssatz oder die Arbeitsnachfragefunktion der betreffenden Unternehmung.[2] (3) ist eine notwendige Bedingung für die Lohnhöhe im Gleichgewicht. Wir werden später noch eine andere notwendige Bedingung kennenlernen. — In (3) sind die ersten beiden Terme der rechten Seite das Grenz-

[2] Es bedarf noch einer Festsetzung, ob Faktoren bei der Variation der Arbeitsmenge konstant zu halten sind oder nicht. (3) gilt in jedem Fall, also entweder langfristig oder kurzfristig. Wir wollen hier die Festsetzung treffen, daß nur die grundlegenden Produktionseinrichtungen (Gebäude, Maschinen) als konstant anzusehen sind, alle übrigen Faktoren, insbesondere natürlich die total komplementären (oder limitationalen nach Erich Schneider) mit der Arbeitsmenge variieren können.

wertprodukt, wie es aus der Literatur bekannt ist. In dem Ausdruck $\frac{dK^*}{da}$ ist der Einfluß der Märkte der substitutiven und komplementären Faktoren enthalten. Die beiden letzten Terme sind Korrekturfaktoren, die einen Teil des Einflusses der Marktform des Absatzmarktes und des Arbeitsmarktes berücksichtigen. Wir werden später näher darauf eingehen. —

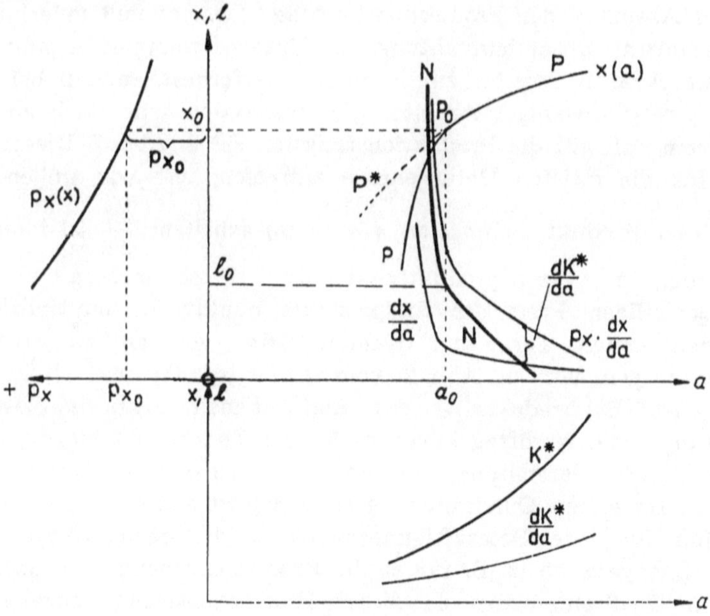

Abbildung 2

Die Auswertung der Gleichung (3) für alle in Frage kommenden Lohnhöhen ergibt uns offensichtlich die Antwort auf unser erstes Teilproblem: Wie wirken Lohnveränderungen auf die Beschäftigung? Um dies zu erfahren, brauchen wir ja nur die Gestalt der Arbeitsnachfragekurve (3) abzuleiten, d. h. den Wert aller Terme der rechten Seite von (3) für die verschiedenen Beschäftigungsgrößen festzustellen. Hierbei wollen wir zunächst nur die ersten beiden Terme der rechten Seite von (3) berücksichtigen, also eine Arbeitsnachfragekurve erster Näherung bestimmen. Die Korrekturfaktoren werden dann später eingefügt. Diese Auswertung kann graphisch erfolgen. In Abb. 2 sind im ersten Quadranten auf der Abszisse die Arbeitsmenge, auf der Ordinate die Funktionswerte x und l in einheitlichem Maßstab aufgetragen. P_0 sei der gerade realisierte Produktionspunkt: bei der Arbeitsmenge a_0 wird die Menge x_0 des Endproduktes produziert. P*P ist die

Produktionsfunktion ohne Gewerkschaftsaktivität bei Entlassungen und ohne starke Komplementarität des Gesamtproduktionsapparates mit der Arbeit. Bei Entlassungen vermindert sich die Produktion dann fast proportional. Das ist aber nicht der Fall, wenn die Gewerkschaften bei Entlassungen, die nicht zur Verminderung von Verlusten, sondern zur Erhöhung der Gewinne vorgenommen werden, mit Streik drohen oder der Unternehmer aus psychologischen Gründen in diesem Fall ein starkes Absinken der Produktionsleistung erwartet und (oder) wenn die technische Gesamteinrichtung der Unternehmung eine ganz bestimmte Anzahl Arbeiter zur Bedienung erfordert, so daß bei Entlassung relativ weniger Arbeiter die Produktion sehr stark absinkt. In diesem Fall gilt die Produktionsfunktion PP in Abb. 2. Dieser Fall wird für die meisten Unternehmen zutreffen, und wir wollen also mit dieser Produktionsfunktion $x = x(a)$ arbeiten. $\frac{dx}{da}$ ist dann ihre Ableitung, die Grenzproduktivitätskurve. Diese müssen wir mit dem jeweiligen Preis des Endprodukts punktweise multiplizieren, um den ersten Term der rechten Seite von (3) zu erhalten. Hierzu tragen wir in Abb. 2 vom Anfangspunkt nach links den Preis des Endprodukts p_x auf und können dann im zweiten Quadranten die Nachfragekurve nach dem Endprodukt eintragen. Es ist die übliche Darstellung, nur um 90° entgegen dem Uhrzeigersinn gedreht. Im ersten Quadranten lesen wir jetzt aus der Produktionsfunktion für jede Beschäftigungsmenge a die dazugehörige Endproduktmenge x ab (z. B. für a_0 die Produktionsmenge x_0), dann im zweiten Quadranten den zu dieser Produktionsmenge zugehörigen Preis, (z. B. für x_0 den Preis p_{x0}) und multiplizieren den der Beschäftigungsmenge a zugeordneten Wert von $\frac{dx}{da}$ mit diesem Preis. So erhalten wir die Kurve $p_x \cdot \frac{dx}{da}$ in Abb. 2. Von ihr muß nun noch $\frac{dK^*}{da}$ (gleichfalls als Funktion von a) abgezogen werden, um die Arbeitsnachfragekurve erster Näherung zu erhalten. Im vierten Quadranten (dessen Ordinate denselben Richtungssinn und dieselben Einheiten hat wie diejenige des ersten Quadranten) ist $K^*(a)$ aufgetragen und ebenso die Ableitung $\frac{dK^*}{da}$. Für jeden Abszissenwert wird nun die jeweilige Größe von $\frac{dK^*}{da}$ von der Kurve $p_x \cdot \frac{dx}{da}$ abgezogen, und wir erhalten die Arbeitsnachfragekurve erster Näherung NN. —

Wovon hängt ihr Verlauf ab? Die Antwort ergibt sich aus den ersten beiden Termen von (3). Er hängt ab:

1. von der technischen Produktionsfunktion x = x (a).
   a) Je stärker die Krümmung der Produktionsfunktion, d. h. je schärfer das Ertragsgesetz wirkt (je stärker die Komplementarität der Arbeit zu allen übrigen Faktoren ist), um so starrer[3] ist die Arbeitsnachfrage.
   b) Die Krümmung der Produktionsfunktion ist weiter bedingt von der Existenz und Wirkungsweise der Gewerkschaften und der Reaktion der Arbeiterschaft. Je mehr die Gewerkschaften Entlassungen zum Zwecke der Gewinnmaximierung erschweren, je mehr bei der Arbeiterschaft das Vertrauen zur Betriebsleitung bei Vornahme solcher Entlassungen nachläßt und dies sich in entsprechend verringerter Arbeitsleistung auswirkt, um so stärker ist die Krümmung der Produktionsfunktion, um so starrer die Arbeitsnachfragekurve.
   c) Die Krümmung der Produktionsfunktion ist ferner von der sozialpolitischen Gesetzgebung abhängig. Je mehr Entlassungen durch Gesetze über Kündigungsschutz, durch die Rechtsprechung der Arbeitsgerichte usw. erschwert werden, um so stärker die Krümmung der Produktionsfunktion und um so starrer die Arbeitsnachfrage.

Die Arbeitsnachfragekurve hängt

2. ab von der Starrheit der Nachfragekurve nach dem Endprodukt.
   a) Je starrer diese Nachfrage nach dem Endprodukt ist, um so starrer ist auch die Arbeitsnachfrage. — Die Starrheit der Nachfrage nach dem Endprodukt ist nun abhängig
      1. von der Wichtigkeit des Gutes für die Versorgung bzw. für die Produktion, wenn es sich um ein Produktionsmittel handelt, und
      2. von seiner Substitutivität gegenüber anderen Gütern.

      Die Einzelbehandlung dieses Problems fällt in die Preistheorie.
   b) Je monopolistischer die Marktform des Endproduktes, um so starrer ist — ceteris paribus — die Nachfrage nach dem Endprodukt und damit die Arbeitsnachfrage. Denn nur bei monopolistischen Marktformen wird die Starrheit der Gesamtnachfrage auch einzelwirtschaftlich spürbar.

      Haben wir vollständige Konkurrenz auf dem Absatzmarkt, gilt also z. B. die voll elastische Nachfragekurve p_x^* in Abb. 2 a, so

---

[3] Wir nennen eine Kurve starrer, wenn sie steiler ist als eine andere, also ihr erster Differentialquotient, absolut genommen, größer ist. Sie braucht deswegen nicht unelastischer (im Sinne der Elastizitätsdefinition) zu sein.

ist die Arbeitsnachfrage also weniger starr (N^* in Abb. 2 a). Bei Lohnsteigerungen erfolgen mehr Entlassungen als im Monopolfall, denn die Mehrkosten können nicht wie beim Monopol durch Produktionseinschränkungen auf das Endprodukt überwälzt werden. Dafür werden bei Lohnsenkungen wieder mehr Arbeiter eingestellt, denn bei Mehrproduktion geht jetzt der Preis des Endproduktes nicht zurück. Die Stellung der Arbeit in bezug auf die Durchsetzung von Lohnerhöhungen ist also schwächer, dagegen die Wahrscheinlichkeit, durch Nachlaß in der Lohnforderung Beschäftigung zu erhalten, größer. — Bei oligopolistischen Marktformen auf dem Absatzmarkt kann eine geknickte Nach-

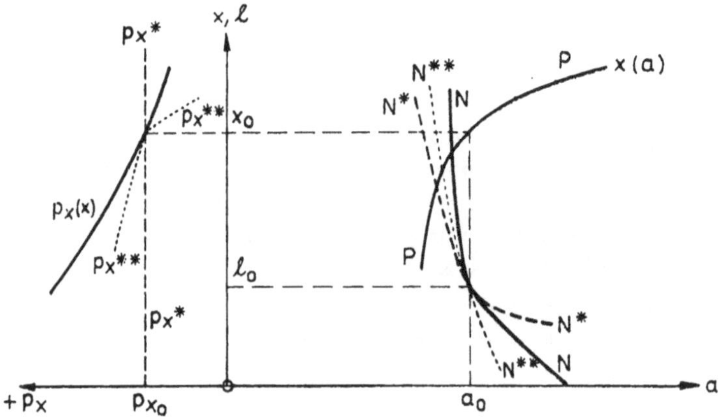

Abbildung 2a

fragekurve existieren: bei Preisnachlaß folgen auch die Konkurrenten, so daß die abgesetzte Menge nur schwach steigt, bei Preissteigerung aber nicht, so daß die abgesetzte Menge schnell absinkt (p_x^{**} in Abb. 2 a). Damit wird die Nachfragekurve nach Arbeit für niedrigere Löhne als der geltende Lohnsatz l_0 starrer als im dargestellten Konkurrenz- oder Monopolfall: Lohnsenkungen führen zu weniger Neueinstellungen, da die Mehrproduktion nur zu schnell sinkenden Preisen abzusetzen ist. Für Lohnhöhen oberhalb l_0 ist die Arbeitsnachfrage zwar starrer als bei vollständiger Konkurrenz, aber nicht so starr wie im Monopolfall: eine Lohnsteigerung läßt die Arbeitsnachfrage zwar weniger zurückgehen als bei Konkurrenz, aber mehr als beim Monopol, da der Überwälzungseffekt zusätzlicher Lohnkosten geringer ist (N^{**} in Abb. 2 a). — Für die Durchsetzung von Lohnsteigerungen ist also die Marktform des Monopols auf dem Absatzmarkt am günstigsten, für die Erreichung von Mehreinstellungen durch Lohnsenkungen dagegen die Marktform der Konkurrenz. —

Die Arbeitsnachfragekurve hängt

3. ab von dem Verlauf der Funktion der sonstigen Kosten K* (a).

Je steiler die $\frac{dK^*}{da}$-Kurve, d. h. je größer $\frac{d^2K^*}{da^2}$, um so steiler ist auch die Arbeitsnachfragekurve. Nun ist

$$\frac{dK^*}{da} = p_2 \frac{dm_2}{da} + m_2 \frac{dp_2}{da} + \dots + \frac{dS}{da}, \text{ also}$$

$$\frac{d^2K^*}{da^2} = p_2 \frac{d^2m_2}{da^2} + 2 \frac{dm_2}{da} \cdot \frac{dp_2}{da} + m_2 \frac{d^2p_2}{da^2} + \dots + \frac{d^2S}{da^2} \tag{4}$$

Hierbei ist

$$\frac{dp_2}{da} = \frac{dp_2}{dm_2} \cdot \frac{dm_2}{da} \text{ und}$$

$$\frac{d^2p_2}{da^2} = \frac{d}{da} \cdot \frac{dp_2}{da} = \frac{d}{da} \cdot \frac{dp_2}{dm_2} \cdot \frac{dm_2}{da} = \frac{dp_2}{dm_2} \cdot \frac{d^2m_2}{da^2} + \frac{dm_2}{da} \cdot \frac{d^2p_2}{da\,dm}$$

Demnach ist die Arbeitsnachfragekurve — ceteris paribus — um so steiler:

1. je höher der Preis der anderen Faktoren ist (p_2, p_3 . . .); denn dann ist eine Substitution anderer Faktoren für Arbeit bei Lohnerhöhungen ungünstiger;
2. je größer die Komplementarität der anderen Faktoren ist $\frac{d^2m_2}{da^2}$, . . .); denn um so mehr andere Faktoren werden benötigt, um eine Arbeitseinheit zu ersetzen;
3. je geringer die Substitutivität der Arbeit ist ($\frac{dm_2}{da}$ . . . groß oder $\frac{da}{dm_2}$ . . . klein); denn dann besteht weniger Möglichkeit, Arbeit durch andere Faktoren zu ersetzen;
4. je starrer die Angebotskurve der anderen Faktoren ($\frac{dp_2}{dm_2}$ . . . groß); denn dann kann man andere Faktoren nur zur höherem Preis kaufen, um die Arbeit zu ersetzen;
5. je steiler die Angebotskurven der anderen Faktoren bei Vermehrung der Arbeitsmenge werden ($\frac{d^2p_2}{da\,dm_2}$ . . . groß); denn um so teurer ist eine Substitution der Arbeit bei Lohnerhöhungen;
6. je größer die eingesetzte Menge der anderen Faktoren ist (m_2 . . .); denn um so stärker wirken sich die oben erwähnten Tendenzen aus;

7. je stärker die Vermehrung der Steuersumme bei zusätzlicher Arbeit und damit zusätzlicher Produktion zunimmt ($\frac{d^2S}{da^2}$ groß); denn bei Lohnsenkungen wird die Tendenz zu Mehreinstellungen durch die damit verbundene steuerliche Mehrbelastung geschwächt; umgekehrt führt ein sehr geringes Maß von Entlassungen als Folge von Lohnsteigerungen zu sehr erheblichen Steuereinsparungen, so daß diese Entlassungen gering bleiben.

Hier zeigt sich also deutlich der Einfluß der Verhältnisse auf den Märkten der übrigen Faktoren und die Substitutions- und Komplementaritätsbeziehungen der Faktoren untereinander. —

Nun müssen wir uns vor Augen halten, daß die Ausgangsgleichung (3) nur e i n e notwendige Bedingung für die Erreichung des Gleichgewichts ist. Eine andere erhalten wir durch die Überlegung, daß Gewinnmaximierung gleichbedeutend ist mit Kostenminimierung. Wir fragen also, welche Bedingungen erfüllt sein müssen, damit eine bestimmte Ausbringungsmenge mit den geringsten Kosten produziert wird. Um das Ergebnis auf einfache Weise graphisch darstellen zu können, sehen wir von der Existenz total komplementärer (limitationaler) Faktoren ab und nehmen nur die Arbeit a und den Faktor m_2 als veränderlich an. Es sei $a = a\,(m_2)$ der geometrische Ort, auf dem $x = \text{const.}$ ist (die Indifferenzkurve der Produktion, s. Abb. 3). Die Kosten für die Faktoren a und m_2 sollen dort minimiert werden, d. h. es muß

$$O = \frac{d}{dm_2}(l \cdot a + p_2 m_2) = l \cdot \frac{da}{dm_2} + a \cdot \frac{dl}{dm_2} + p_2 + m_2 \cdot \frac{dp_2}{dm_2}$$

oder

$$(5) \qquad -\frac{da}{dm_2} = \frac{p_2}{l} + \frac{a}{l} \cdot \frac{dl}{dm_2} + \frac{m_2}{l} \cdot \frac{dp_2}{dm_2} \text{ sein.}$$

Die letzten beiden Terme der rechten Seite sind Korrekturfaktoren für mengenabhängige Preise auf dem Absatz- und Arbeitsmarkt. Der Einfachheit halber sehen wir von ihnen ab; ihre Berücksichtigung würde unser Ergebnis im Prinzip nicht verändern, nur die Erörterung und die graphische Darstellung erschweren. Dann besagt (5), daß im Gleichgewicht das Preisverhältnis zweier Faktoren reziprok ihrer technischen Substitutivität (d. h. ihrer Ersetzbarkeit im Produktionsprozeß oder nach Stackelberg: der Grenzrate der Substitution) sein muß: je größer die Ersetzbarkeit eines Faktors, um so geringer sein Preis im Gleichgewicht. Nehmen wir nun über einen gewissen Bereich (von P_1 bis P_2 in Abb. 3) eine volle Substitutivität von Arbeit und Maschinen einer gewissen Art an. Bei geringer Lohnhöhe l_1 und der dann gültigen Kostengeraden K_1 wird die Arbeitsmenge a_1 beschäftigt.

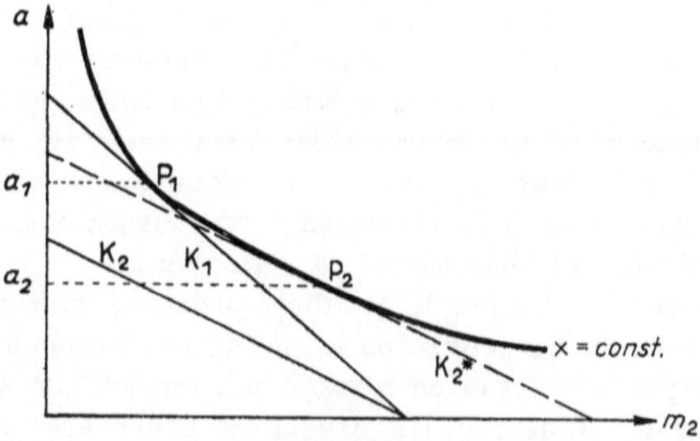

Abbildung 3

Sobald der Lohn eine gewisse Höhe l_2 überschreitet, d. h. ab Kostengerade K_2 bzw. K_2^*, erfolgt schlagartig die Substitution durch Maschinen. Die technische Kombination wird grundlegend geändert. Statt der Arbeitsmenge a_1 wird nur noch die Arbeitsmenge a_2 beschäftigt. Wir müssen also in unsere Überlegungen m e h r e r e Produktionsfunktionen x (a) einführen, die sich durch die eingesetzte Menge der übrigen Faktoren (z. B. des Faktors m_2) unterscheiden. Sobald die Lohnhöhe die nach Abb. 3 festgelegte kritische Höhe über- oder

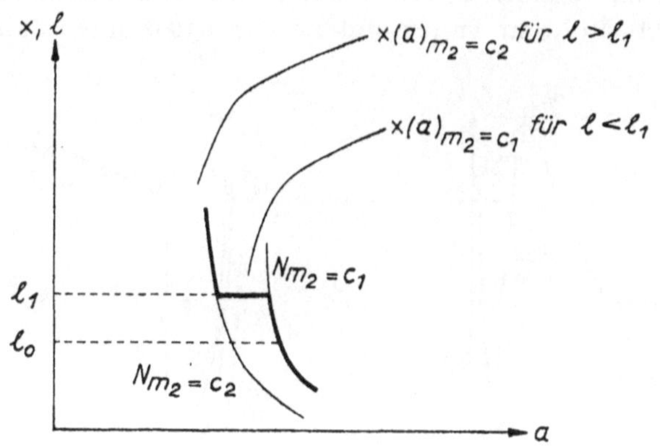

Abbildung 4

unterschreitet, wird von einer Produktionsfunktion zur anderen übergegangen. In Abb. 4 sind zwei Produktionsfunktionen für $m_2 = c_1$ und $m_2 = c_2$ aufgetragen und die zugehörigen Arbeitsnachfragefunktionen erster Näherung ($N_{m2} = c_1$ und $N_{m2} = c_2$). Sobald der Lohn die Höhe l_1 überschreitet, wird zu der kapitalintensiveren Produktionsweise ($m_2 = c_2$) und damit zur anderen Arbeitsnachfragefunktion übergegangen: die **allgemeine** Arbeitsnachfragekurve hat also hier eine Unstetigkeitsstelle. — Bei voller Substitutivität von Arbeit und Maschinen liegt somit eine Lohnsteigerung über einen gewissen Punkt hinaus durchaus nicht im Interesse der Gesamtheit der Arbeiter. So berichtet z. B. J. T. Dunlop,[4] daß die amerikanische Gewerkschaft der Glasbläser sogar selbst Lohnsenkungen vorgeschlagen hat, um die Einführung mechanischer Glasbläserei zu verhindern. —

Unterhalb des Tariflohnes l_0 hat die Arbeitsnachfragekurve natürlich praktisch keine Bedeutung, da kein Angebot vorhanden ist. —

Die bisherigen Ausführungen bezogen sich nur auf die Arbeitsnachfragekurve erster Näherung. Die Ergebnisse gelten aber auch für die Arbeitsnachfragekurve selbst, wie sie durch Einführung der beiden letzten Terme von (3) entsteht, da diese Hinzufügung nur eine additive Überlagerung bedeutet.

Der erste der beiden Terme $x \cdot \frac{dp_x}{dx} \cdot \frac{dx}{da}$ gibt einen Teil des Einflusses monopolistischer Marktformen auf dem Absatzmarkt wieder — und zwar den Teil, der dahin wirkt, die Stellung der Arbeit zu schwächen, d. h. die Arbeitsnachfragekurve „nach links" zu verrücken. Der Teil des Einflusses monopolistischer Absatzformen, der dahin wirkt, die Arbeitsnachfrage starrer zu machen und also die Stellung der Arbeit zu verstärken, ist bereits in der ersten Näherung berücksichtigt. Abb. 5 (die im ersten und zweiten Quadranten dasselbe Koor-

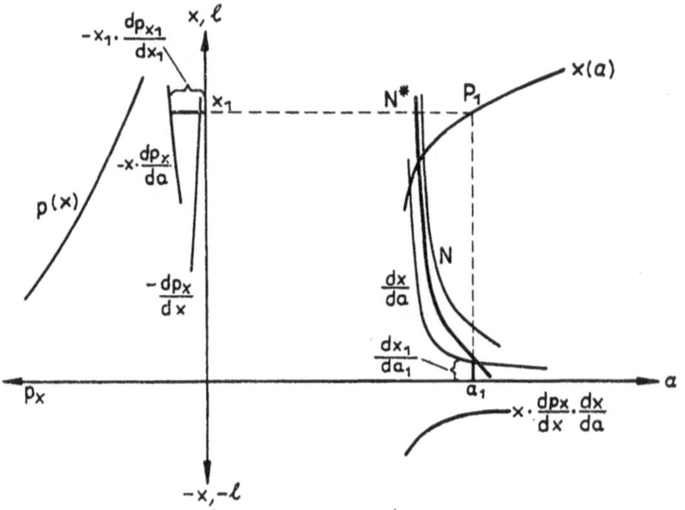

Abbildung 5

[4] J. T. *Dunlop*, „Wage Determination under Trade Unions", Oxford 1950.

dinatensystem wie Abb. 2 besitzt) zeigt im ersten Quadranten zunächst die Produktionsfunktion x (a), die Grenzproduktivitätsfunktion $\frac{dx}{da}$ und die gemäß Abb. 2 abgeleitete Arbeitsnachfragekurve erster Näherung N, im zweiten Quadranten die Nachfragekurve nach dem Endprodukt p_x (x) und deren Ableitung $\frac{dp_x}{dx}$.[5] Um den ersten Korrekturfaktor zu erhalten, müssen wir zunächst letztere Größe mit x multiplizieren; diese Funktion ist im zweiten Quadranten aufgetragen. Sie muß nun ihrerseits punktweise mit den zugeordneten Werten von $\frac{dx}{da}$ multipliziert werden. „Zugeordnet" sind die Werte, die zum gleichen Produktionspunkt gehören. Zum Produktionspunkt P_1 gehört z. B. $\frac{dx_1}{da_1}$ und x_1 $\frac{dp_{x_1}}{dx_1}$ usw. Die resultierende Funktion $x \cdot \frac{dp_x}{dx} \cdot \frac{dx}{da}$ ist im vierten Quadranten (mit den Koordinaten a und — x, — l) aufgezeichnet. Sie ist negativ, da $\frac{dp_x}{dx}$ negativ ist. Ob sie steigt oder sinkt, ist a priori nicht zu sagen, da für große a der eine Faktor $(\frac{dx}{da})$ klein, der andere $(x \cdot \frac{dp_x}{dx})$ absolut genommen groß ist und für kleine a umgekehrt. Bei einer starken Krümmung der Produktionsfunktion x (a) und damit sehr steiler Grenzproduktivitätskurve $\frac{dx}{da}$ ist jedoch ein leicht steigender Verlauf gemäß Abb. 5 wahrscheinlich. Diese Funktion muß nun graphisch von der Arbeitsnachfragefunktion erster Näherung N abgezogen werden. So entsteht die Arbeitsnachfragekurve zweiter Näherung N*. Wir sehen: sie ist nach „links" verschoben, d. h. die Arbeitsnachfrage ist durch die monopolistische Marktform auf dem Absatzmarkt zurückgegangen. Dieser Rückgang ist, wie uns die Formel des ersten Korrekturfaktors zeigt, um so stärker:

1. je größer die Produktionsmenge x ist; denn der Preisfall, der durch eine vergrößerte Produktion veranlaßt ist, wirkt sich auf alle Einheiten aus;
2. je starrer die Nachfrage nach dem Endprodukt $(\frac{dp_x}{dx})$, denn um so vorteilhafter ist die Produktionseinschränkung;
3. je höher das Grenzprodukt der Arbeit ist $(\frac{dx}{da})$, denn um so mehr steigt die Produktion bei größerer Arbeiterzahl, um so mehr

[5] Da letztere negativ ist, haben wir $-\frac{dp_x}{dx}$ eingezeichnet.

wird also auch der Preis des Endprodukts erniedrigt und damit eine Tendenz ausgelöst, Produktion und Beschäftigung zu verkleinern. —

Der zweite noch einzufügende Korrekturfaktor — $a \frac{dl}{da}$ gibt einen Teil des Einflusses der Marktform auf dem Arbeitsmarkt wieder. Ein Teil des Einflusses ist im Verlauf der x (a) Kurve bereits berücksichtigt. In Abb. 6 ist die Arbeitsnachfragekurve zweiter Näherung N*,

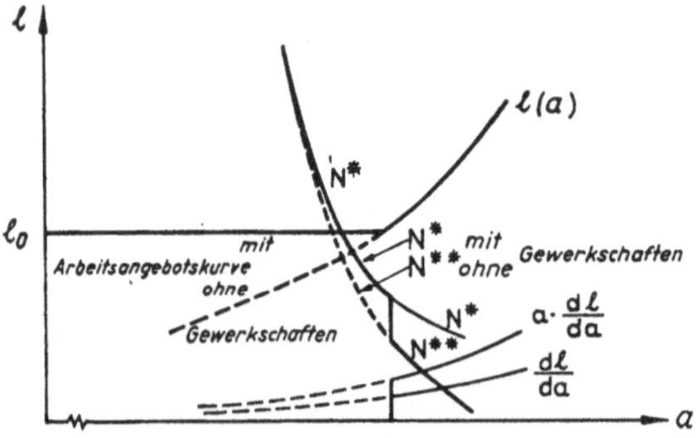

Abbildung 6

wie sie an Hand der Abb. 5 entwickelt wurde, in etwas verändertem Maßstab aufgetragen, ebenso die Arbeitsangebotskurve l (a) mit oder ohne Existenz von Gewerkschaften. l_0 ist der Tariflohn. Da wir uns bei der Analyse partieller Lohnveränderungen befinden, kann die Arbeitsnachfrage ziemlich preiselastisch angenommen werden. Die Ableitung $\frac{dl}{da}$ der Arbeitsangebotskurve und ihr Produkt mit der Arbeitsmenge $a \frac{dl}{da}$ sind gleichfalls eingezeichnet. Letztere Funktion wird von der Arbeitsnachfragekurve zweiter Näherung N* graphisch abgezogen, und so entsteht die endgültige Arbeitsnachfragekurve N**. Wir sehen, daß die Arbeitsnachfragekurve durch die Existenz der Gewerkschaften, d. h. durch das voll elastische Arbeitsangebot beim Tarif l_0, nach rechts verschoben wird. Ohne Gewerkschaften wäre auch die Arbeits n a c h f r a g e bei gleichem Lohn geringer (vgl. die gestrichelte Arbeitsnachfragekurve in Abb. 6). Die Gewerkschaften verändern also nicht nur das Arbeitsangebot, sondern gleichzeitig auch die Arbeitsnachfrage zugunsten der Arbeiter. —

Der zweite Korrekturfaktor zeigt, daß die Arbeitsnachfrage um so mehr zurückgeht:

1. je größer die Arbeitsmenge insgesamt ist; denn um so mehr kann durch Lohnsenkungen infolge von Entlassungen an Lohnkosten gespart werden;
2. je starrer das Arbeitsangebot ist; denn um so größer sind die Auswirkungen von Entlassungen auf die Lohnhöhe. —

Damit ist der Einfluß einer partiellen Lohnveränderung auf die Beschäftigung in einem Betrieb analysiert. Das Ergebnis ist, daß Lohnerhöhungen die Beschäftigung mehr oder weniger stark zurückgehen lassen. Das „mehr oder weniger" hängt von den vielen Faktoren ab, die oben im einzelnen aufgezeigt wurden. Eine Zunahme der Beschäftigung durch partielle Lohnerhöhungen in dem betroffenen Unternehmen, also eine anomale Nachfragereaktion beim Faktor Arbeit ist nicht möglich. —

Die bisherige Ableitung gilt streng genommen nur für die Einzelunternehmung. Nur wenn alle Unternehmen die gleichen Kosten- und Ertragsstruktur hätten (d. h. die gleiche x (a) —, K* — und l (a) — Funktion), würde diese Ableitung auch für die Branche zutreffen. Das ist nun gewiß nicht der Fall. Die Funktionen werden je nach den inner- und außerbetrieblichen Verhältnissen (den Standortfaktoren) verschieden sein. Damit werden manche Unternehmen bei Lohnerhöhungen früher in die Verlustzone kommen, die ab einer bestimmten Lohnhöhe beginnt. Da Entlassungen bei Verlustbetrieben auch von den Gewerkschaften auf die Dauer nicht zu verhindern sind (wenn auch kurzfristig bei Verlusten, die kleiner sind als die fixen Kosten, weiter produziert wird), ist die Arbeitsnachfragekurve der Branche absolut genommen elastischer als der gewogene Durchschnitt der Arbeitsnachfrage-Elastizitäten der Einzelunternehmen in ihrem Produktionsbereich: Lohnerhöhungen führen zu relativ mehr Entlassungen; denn zu den Entlassungen infolge geringerer Produktion kommen noch die Entlassungen infolge Schließung der Grenzbetriebe hinzu. — Die Abhängigkeit von Gewinn und Verlust von der Lohnhöhe ist in Abb. 7 analysiert. Dort sind zunächst im ersten Quadranten die Produktionsfunktion x (a) und die geltende Arbeitsnachfragekurve N = l (a) eingetragen, im zweiten Quadranten die Nachfragekurve nach dem Endprodukt. Mit Hilfe der Produktionsfunktion transformieren wir letztere Funktion derart, daß wir den Preis des Endprodukts in Abhängigkeit von der Beschäftigungsmenge a erhalten (p_x (a) im ersten Quadranten). Das geschieht, indem wir für jeden Produktionspunkt (z. B. P_1) für die betreffende Arbeitsmenge (z. B. a_1) den zugehörigen Preis des Endprodukts (z. B. p_{x_1}) auftragen. p_x (a) sind dann die Einnahmen pro Stück für die betreffende Beschäftigungszahl.

Hiervon ziehen wir die sonstigen Kosten pro Stück $\frac{K^*}{x}$, wie sie nach Abb. 2 zu errechnen sind, ab und tragen die Lohnkosten pro Stück $\frac{l \cdot a}{x}$ auf. Hierzu brauchen wir nur die l (a)-Kurve punktweise mit dem zugehörigen Wert von a zu multiplizieren und durch den zugehörigen Wert von x zu dividieren. Der positive oder negative Rest gegnüber der um den Kostenanteil der übrigen Faktoren verminderten Preisfunktion ergibt den Gewinn bzw. Verlust pro Stück (siehe

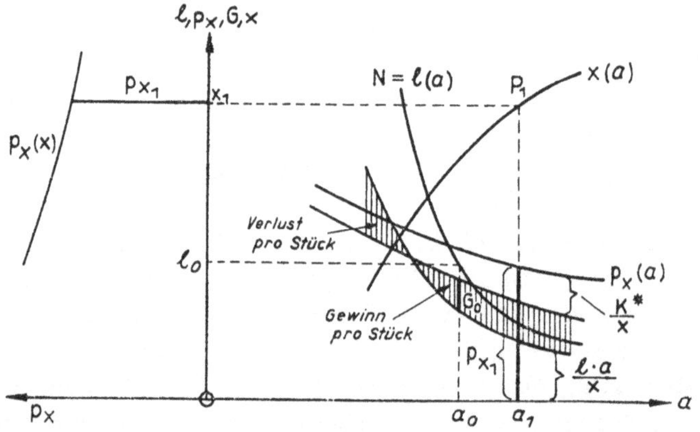

Abbildung 7

Abb. 7). Bei der Lohnhöhe l_0 z. B. wird die Arbeitsmenge a_0 beschäftigt. Dadurch entsteht ein Gewinn pro Stück von der Größe G_0. Mit steigendem Lohn wird dieser Gewinn immer geringer und macht schließlich einem Verlust Platz. —

Nun haben wir uns mit dem Einfluß von Lohnveränderungen auf andere Preise zu beschäftigen. Wir wollen hier behandeln:

1. den Einfluß von Lohnveränderungen auf den Preis des Endproduktes,
2. den Einfluß von Lohnveränderungen auf die Preise der übrigen Faktoren.

Natürlich wirkt dieser Preiseinfluß wieder weiter, aber das fällt außerhalb des Rahmens unseres Themas.

Zu 1.) Der Einfluß von Lohnveränderungen auf den Preis des Endproduktes.

Dieser Einfluß ist mit dem bisherigen Apparat unmittelbar zu analysieren (Abb. 8). In einem Koordinatensystem wie in Abb. 2 sind im ersten Quadranten der Abb. 8 die Produktionsfunktion x (a) und die endgültige Arbeitsnachfragekurve N = l (a), im zweiten Quadranten die Nachfragefunktion nach dem Endprodukt eingetragen. Hier können wir die Wirkung von Lohnveränderungen auf den Preis des Endproduktes sofort ablesen: steigt der Lohn von l_0 auf l_1, so sinkt die Produktion von x_0 auf x_1; damit steigt der Preis des Endproduktes von p_{x0} auf p_{x1}. Der Einfluß von Lohnveränderungen auf den Preis des Endproduktes ist demnach um so geringer:

1. je steiler die Arbeitsnachfragekurve ist (denn um so geringer sind die Beschäftigungs- und Produktionsschwankungen und damit die Preisschwankungen des Endprodukts);

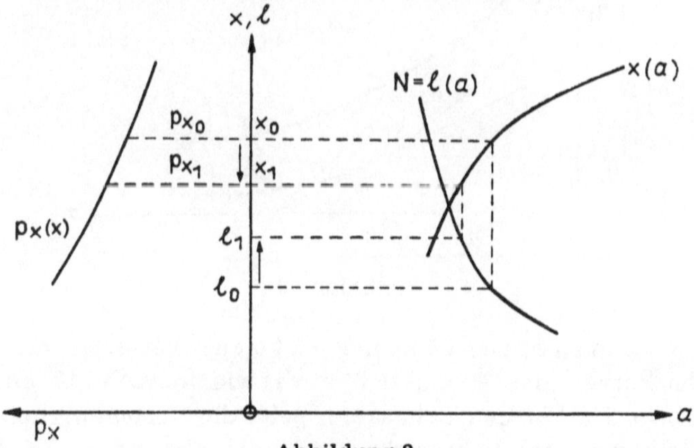

Abbildung 8

2. je elastischer die Nachfragekurve nach dem Endprodukt ist (denn um so geringer wirken sich die durch Lohnveränderungen veranlaßten Produktionsänderungen auf den Preis des Endproduktes aus). Wir können letzteres auch umgekehrt ausdrücken: je starrer die Nachfrage nach dem Endprodukt, um so stärker wirken sich Lohnsteigerungen auf den Preis des Endprodukts aus, d. h. um so mehr werden die zusätzlichen Lohnkosten auf den Preis des Endprodukts überwälzt.

Zu 2.) Der Einfluß von Lohnveränderungen auf die Preise der anderen Faktoren.

Dieser Einfluß ist entgegengesetzt je nachdem, ob es sich um substitutive oder komplementäre Faktoren handelt.

a) Bei substitutiven Faktoren verlaufen die Indifferenzkurven der Produktion etwa wie in Abb. 9 angegeben (J_1, J_2). Für die Lohnhöhe l_1 möge die Kostenfunktion K_1 gelten. Dann wird die Arbeitsmenge a_1 und die Menge m_{2_1} eines substitutiven Faktors m_2 nachgefragt. Steigt der Lohn l_1 auf l_2, so haben wir etwa die Kostenfunktion K_2. Wie Abb. 9 zeigt, steigt die nachgefragte Menge des substitutiven Faktors m_2 also von m_{2_1} auf m_{2_2}. Je starrer nun das Angebot des substitutiven Faktors m_2 ist, um so größer ist dann auch die durch Lohnsteigerung induzierte P r e i s s t e i g e r u n g dieses Faktors.

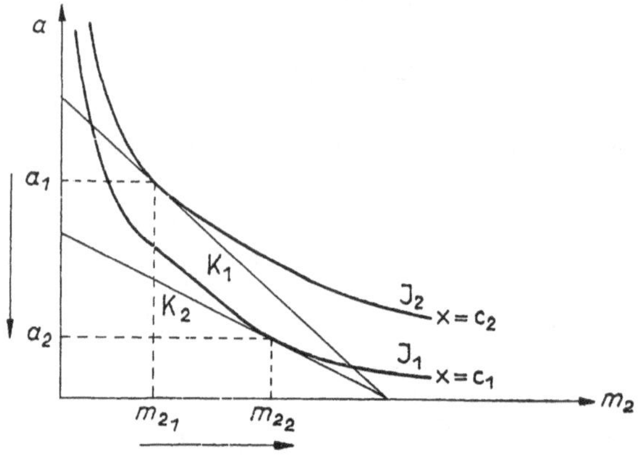

Abbildung 9

b) Bei k o m p l e m e n t ä r e n F a k t o r e n verlaufen die Indifferenzkurven der Produktion etwa wie in Abb. 10 angegeben (J_1, J_2, J_3). Für den Lohnsatz l_1 gelte die Kostenfunktion K_1, bei Steigerung des Lohnsatzes auf l_2 die Kostenfunktion K_2. Wie

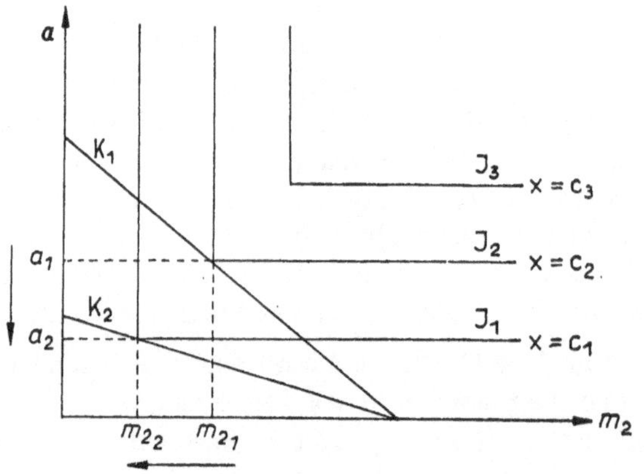

Abbildung 10

man sieht, s i n k t bei komplementären Faktoren die Nachfrage bei Lohnsteigerungen. Die dadurch ausgelöste P r e i s s e n k u n g des komplementären Faktors ist um so stärker, je starrer das Angebot ist. Wir können also auch von einer „Überwälzung" der erhöhten Lohnkosten auf die komplementären Faktoren sprechen, wobei die „Überwälzung" sich in einem Druck auf deren Preise äußert. —

Damit ist unsere Analyse der Wirkungen partieller Lohnveränderungen beendet. Wir sahen, daß hier eindeutige Antworten möglich sind. Diese Analyse ist aber nicht einfach auf die Volkswirtschaft zu übertragen. Der Analogieschluß: wenn partielle Lohnveränderungen in der betrachteten Weise wirken, tun es totale auch, ist falsch. Diesen Schluß tut aber die Grenzproduktivitätstheorie des Lohnes, wenn wir sie (mit J. B. Clark, Boehm-Bawerk u. a.) als Theorie über die Wirkung von Lohnveränderungen auffassen, und hier irrt sie. Die Gründe dafür sind im wesentlichen die folgenden:

1. bei der bisherigen Analyse ist der Kreislaufzusammenhang nicht beachtet. Wenn sich die Lohnausgaben einer einzelnen Unternehmung oder Branche ändern, so hat das im allgemeinen auf die Nachfragekurve nach dem Endprodukt dieser Unternehmung oder Branche einen verschwindenden Einfluß. Wenn sich aber alle Löhne ändern, ist der Einfluß auf die Nachfrage nach jedem Produkt nicht mehr zu vernachlässigen;
2. die oben gegebene partielle Theorie ist wesentlich statisch, während eine Analyse der Wirkungen von Lohnveränderungen dynamischen Charakter haben sollte.

Die Behandlung der Frage: wie wirken a l l g e m e i n e Lohnveränderungen auf Preise und Beschäftigung, muß also mit einem ganz anderen theoretischen Apparat erfolgen, nämlich an Hand eines gesamtwirtschastlichen Kreislaufmodells. Doch muß dies einer gesonderten Betrachtung überlassen bleiben.

Löhne und Beschäftigung*

Von Prof. Dr. *Heinz Haller*, Kiel

I.

Die Frage, wie das Beschäftigungsvolumen durch Lohnänderungen beeinflußt wird, ist auch im Zeitalter der Kollektivverträge, in dem eine elastische, marktautomatische Lohnanpassung unmöglich ist, von allergrößtem Interesse. Insbesondere seit man einzusehen begonnen hat — wozu *Keynes* das meiste beitrug —, daß man sich auf die gesamtwirtschaftliche Abstimmungsfunktion des Zinsfußes unter den gegebenen Verhältnissen nicht verlassen kann, wird die Aufmerksamkeit unwillkürlich auf diesen Zusammenhang gelenkt. Es kann zunächst an eine Lohnsenkung gedacht werden, die als Folgeerscheinung einer Preissenkung bei schrumpfender monetärer Gesamtnachfrage dazu beitragen soll, das reale Nachfrage- und Produktionsvolumen aufrecht zu erhalten. Dieser Weg einer generellen Preisdeflation führt jedoch, wie leicht eingesehen werden kann, zu einem kumulativen Schrumpfungsprozeß des von *Wicksell* beschriebenen Typs. Nur wenn man Löhne und Preise simultan senken würde und die Einkommen nicht vorweg, sondern erst aus den Erlösen bezahlt würden — beides irreale Annahmen — könnte eine Anpassung auf diese Weise gelingen.

Wie verhält es sich jedoch, wenn die Anpassung vom Lohn ausgeht? Kann Arbeitslosigkeit nicht durch eine Lohnsenkung beseitigt werden? *Keynes* beantwortete diese Frage im wesentlichen damit, daß er sagte: Infolge der Einkommenswirkung einer Lohnsenkung kommt es zu parallelen Preissenkungen, so daß den Arbeitnehmern eine Senkung des Reallohns nicht gelingt, und nur eine solche würde zu einer Zunahme der Beschäftigung führen, weil nur dann die Unternehmer einen Anreiz zur Produktionsausdehnung erhielten. Er räumte allerdings eine gewisse Möglichkeit für eine produktions- und beschäftigungssteigernde Wirkung ein: Wenn die Preise gesunken sind, so wird die benötigte „Transaktionskasse" kleiner sein. Die Folge ist normalerweise ein gewisses Sinken des Zinsfußes (bei gegebener Geldmenge), da die vergrößerte „Spekulationskasse" nur bei niedrigerem Zins gehalten wird. Der tiefere Zinsfuß wird bei zinselastischer In-

---

* Vorgetragen auf der Tagung des Theoretischen Ausschusses des Vereins für Sozialpolitik im September 1954 in Bad Nauheim.

vestitionsneigung zu einer Vergrößerung der Investitionsnachfrage führen. Er betrachtete diese Auswirkung als unsicher und wies darauf hin, daß man denselben Effekt wesentlich einfacher haben kann durch eine Vergrößerung der Geldmenge (bei gleichbleibenden Löhnen).[1]

Pigou nun bemühte sich, die automatische Erreichung eines höheren Beschäftigungsgrades durch Lohnsenkungen nach klassischer Manier auf einem Umweg zu beweisen und leitete folgenden nach ihm benannten Effekt ab.[2] Die Preissenkungen, die sich aus der Lohnsenkung ergeben, führen zu einer Wertsteigerung der Kassenbestände — zu denen allerdings, wie *Don Patinkin* gezeigt hat,[3] nur vom Staat geschaffenes Geld und sonstige staatliche Schuldpapiere zu rechnen sind in diesem Zusammenhang — und diese hat wieder zur Folge, daß mehr Geld aus dem laufenden Einkommen für Konsum ausgegeben wird — die Ersparniskurve verschiebt sich in der graphischen Darstellung nach rechts — da die Geldreserven sich ja von selbst vergrößern und die gefallenen Preise zum Kauf anregen. Wenn man eine solche Wirkung in beliebigem Umfang annehmen kann, gibt es immer ein Ausmaß von Lohn- und Preissenkung, bei dem sich Vollbeschäftigung einstellen wird.

Gegen *Pigous* Argumentation wandte *Patinkin* ein, daß eine solche Konsumanregung evtl. zu einem Stillstand komme, bevor das Vollbeschäftigungsniveau erreicht ist,[4] daß ferner empirische Untersuchungen eine geringe Reaktion in dieser Richtung ergeben hätten[5] und daß schließlich, wenn man die Dinge dynamisch betrachte, mit sinkenden Preiserwartungen gerechnet werden müsse, die zur Aufschiebung von Käufen führen und damit zur Vergrößerung der spekulativen Kassenbestände.[6] Es ist also wieder eine Unsicherheit der Wirkung gegeben, und der angestrebte Effekt kann auch hier leichter dadurch erreicht werden, daß man die Geldmenge vermehrt (durch zusätzliche Verschuldung des Staates).

Es gelingt also auch mit Hilfe des *Pigou*schen Theorems nicht, eindeutig eine positive Reaktion des Beschäftigungsvolumens auf Lohnsenkungen abzuleiten. Eine genauere Analyse der Wirkungen von Lohnänderungen in negativer und positiver Richtung ergibt, daß eine ganze Anzahl von Wirkungen mit verschiedenem Vorzeichen eintreten

---

[1] Vgl. General Theory, Buch V, Kap. 19.

[2] A. C. *Pigou*, The Classical Stationary State, Ec. J. Vol. LIII (1943), S. 343—351 und: Economic Progress in a Stable Environment, Economica, Vol. XIV (1947), S. 180—190.

[3] *Don Patinkin*, Price Flexibility and Full Employment, Am. Ec. Review, Vol. XXXVIII (1948), S. 551.

[4] Daselbst, S. 553.

[5] Daselbst, S. 554.

[6] Daselbst, S. 558.

und daß es von deren Stärke abhängt, welche Wirkung per saldo auf das Beschäftigungsvolumen zu verzeichnen sein wird. Der Umfang der Teilwirkungen ist dabei wieder von ganz bestimmten Bedingungen abhängig. Eine solche Analyse muß zeigen, welches diese Bedingungen sind und bei welchen Bedingungskonstellationen eine Gesamtwirkung in der einen oder anderen Richtung eintreten wird.

Neue Untersuchungen dieser Art sind in den letzten Jahren vorgenommen worden von *Matthews, T. Mayer* und *Schouten.*[7] Wir können uns, wenn wir nun selbst eine solche Analyse durchführen wollen, in manchen Punkten auf sie stützen. *Matthews* befaßt sich mit Lohnsenkungen, *Mayer* mit Lohnerhöhungen, ebenso *Schouten.* Alle drei sind jedoch der Überzeugung,[8] daß eine völlige Symmetrie der Wirkungen in den beiden Richtungen gegeben sei, daß also die Untersuchung des Zusammenhangs in der einen Richtung auch alles sage über denjenigen in der anderen. *Schouten* fragt deshalb folgerichtig einfach nach der Nachfrageelastizität für Arbeit. Uns scheint es angebracht, trotz zahlreicher symmetrischer Erscheinungen die Wirkungen von Lohnsenkungen und Lohnsteigerungen getrennt zu untersuchen, da einige Beziehungen doch verschieden zu beurteilen sind, je nachdem, ob man sie in der negativen oder positiven Richtung betrachtet. Es ist ja in der Wirtschaft durchaus nicht selten, daß funktionale Zusammenhänge verschieden aussehen, je nach der Richtung, in der die unabhängigen Variablen durchlaufen werden. Da, wo Symmetrien vorliegen, können wir uns bei der Erörterung der Lohnerhöhungen später kurz fassen.

Für beide Untersuchungen wird angenommen, daß es sich um eine Wirtschaft mit „konjunktureller" Arbeitslosigkeit handelt und ferner, daß die Lohnänderung einmalig ist. Durch die zweite Annahme soll die Erwartung weiterer Lohnänderungen ausgeschlossen werden. Man darf zwar die unmittelbare Wirkung der Erwartungen in diesem Fall nicht überschätzen, weil spätere Lohnänderungen sich ja auch auf die bereits eingestellten Arbeitnehmer erstrecken und damit eine völlig

[7] R. C. O. *Matthews,* The Effect of Wage-cuts on Employment, Ec. J. Vol. LXI (1951), S. 505—517; T. *Mayer,* The Effect of a Wage Change upon Prices, Profits and Employment, Ec. J. Vol. LXI (1951), S. 518—530; D. B. J. *Schouten,* The Wage Level, Employment and the Economic Structure, International Economic Papers, Vol. 2, London—New York 1952, S. 221—232 (Übersetzung des Aufsatzes: „Loonshoogte, Werkgelegenheid en de Economische Structuur" aus Economie, Vol. 15, Nr. 7 (1951). Zu erwähnen ist in diesem Zusammenhang auch noch die von einer allgemeineren Fragestellung ausgehende und sich in abstrakteren Ebenen bewegende Arbeit von O. *Lange:* Price Flexibility and Employment (Cowles Commission Monograph Nr. 8), Bloomington 1944.

[8] Vgl. *Matthews,* a.a.O., S. 505; *Mayer,* a.a.O., S. 519; *Schouten* a.a.O., S. 221 f.

andere Situation gegeben ist als bei erwarteten Preisänderungen dauerhafter Güter, trotzdem aber wird die Reaktion von der verschieden sein, die sich ergibt, wenn der Unternehmer innerhalb des für seine Entscheidung relevanten Zeithorizonts keine weitere Lohnänderung erwartet. Eine entsprechende Modifikation der Voraussetzungen kann später vorgenommen werden. Soweit nichts anderes gesagt wird, soll es sich ferner um eine generelle Lohnänderung handeln, die sich auf sämtliche Arbeitnehmer in der betrachteten Wirtschaft in gleichem Umfang erstreckt.

Zunächst wäre also nun die Lohnsenkung auf ihre Wirkungen hin zu analysieren.

II.

Wir gehen hier wieder, ähnlich wie *Mayer*,[9] von stark vereinfachten Annahmen aus, die wir später durch wirklichkeitsnähere ersetzen. Es soll sich um eine geschlossene Wirtschaft ohne staatliche Aktivität handeln, in der es nur Unternehmer und Arbeitnehmer gibt (Zwei-Klassenwirtschaft). Es soll drei Gütergruppen und entsprechende Märkte geben: Konsumgüter für die Unternehmer, solche für die Arbeitnehmer sowie Produktionsgüter.

Nun wird der Lohn einheitlich um eine bestimmte Quote gesenkt. Nimmt man an, daß die monetäre Nachfrage überall unverändert bleibt, so hat die Lohnsenkung zunächst zwei Wirkungen: einen Substitutionseffekt, soweit eine gewisse Substituierbarkeit der verschiedenen Produktionsmittel gegeben ist, und einen Expansionseffekt infolge der gesunkenen Kostenkurve.[10] Beide Wirkungen bedeuten Steigerung der Arbeitsnachfrage. Die Substitutionswirkung wird eng begrenzt sein und nur in Erscheinung treten bei sehr starken Lohnänderungen, solange die Preise der übrigen Produktionsmittel konstant sind. Für Lohnänderungen im üblichen Rahmen ist sie gering, außerdem bleiben die übrigen Preise hier nicht konstant, sie darf also wohl vernachlässigt werden. Die Expansionswirkung ergibt sich nur, wenn die Gesamtnachfrage unverändert bleibt oder wenigstens nicht so stark sinkt wie die Kosten. Welche Entwicklung ist hier zu erwarten?

Die Anhänger der Theorie des gleich bleibenden Reallohns, z. B. *Keynes*, sagen, daß der Einkommenseffekt der Lohnsenkung die Nachfrage genau in dem Umfang absinken lasse, in dem die Lohnkosten gefallen sind. Diese These muß sehr genau geprüft werden. Sie ist dann richtig, wenn die Unternehmer der Meinung sind, daß ihr Ge-

[9] *Mayer*, a.a.O., S. 519.

[10] Vgl. O. *Lange*, a.a.O., S. 3.

winn sich durch die Lohnsenkung nicht verändere. Sie rechnen mit einem gleichen Einkommen und geben daher in gleichem Umfang Geld aus wie bisher. Ein Teil soll gespart werden und im gleichen Betrag sollen Investitionsgüter gekauft werden (es soll im Ausgangspunkt der Entwicklung I-S-Gleichgewicht herrschen), der Rest wird für die Unternehmerkonsumgüter ausgegeben. Auf den drei von uns unterschiedenen Märkten werden sich nun allerdings verschiedene Situationen ergeben. Bei den Produktionsgütern und den Gütern des Unternehmerkonsums werden die geldlichen Nachfragegrößen unverändert, die Produktionskosten dagegen gefallen sein,[11] es ergibt sich eine Ausdehnung der Produktion und Beschäftigung oder — soweit eine solche kurzfristig nicht möglich ist — ein Zusatzgewinn im Umfang der Differenz. Bei den Gütern des Arbeitnehmerkonsums zeigt sich die umgekehrte Erscheinung. Die Abweichungen in der einen und anderen Richtung von der Ausgangslage werden sich gerade ausgleichen. Die Preise werden für die gesamte Wirtschaft im Durchschnitt im Umfang der Lohnsenkung zurückgehen. Für die Gesamtheit der Unternehmer ergibt sich hieraus eine Steigerung des Realeinkommens. Diese wird, wenn nicht zum Ausgleich eine Steigerung der Geldinvestition und damit eine Erhöhung der Realinvestition über das Maß hinaus, das zur Aufrechterhaltung der Geldinvestition notwendig wäre, erfolgt, eine leichte Nachfrage- und Beschäftigungsschrumpfung zur Folge haben, es sei denn, daß gegenläufig wirkende Kräfte in Erscheinung treten.

Die Unternehmer können sich aber auch anders verhalten. Sie können sich sagen, daß im Umfang der Lohnsenkung ihre Aufwendungen zurückgehen und daß sie infolgedessen einen entsprechend großen Betrag zusätzlich für ihre Ausgaben zur Verfügung haben.[12] Geben sie diesen Betrag tatsächlich aus, so sinkt die Gesamtnachfrage nicht unter den bisherigen Stand, infolge der gefallenen Produktionskosten wird also nun die Produktion erheblich ausgedehnt werden. Die Ausdehnung wird allerdings zum Teil wieder kompensiert werden durch zusätzliche Ersparnis der Unternehmer, der keine zusätzliche Investition gegenübersteht. Auf den einzelnen Märkten treten wieder die bereits erwähnten Unterschiede auf, die zu einer einseitigen Beschäftigungssteigerung auf dem Markt der Unternehmerkonsumgüter führen. Lassen wir die Unterscheidung zwischen den beiden Konsumgütermärkten fallen, so werden alle Einzelmärkte der Konsumgüter, allerdings in verschiedenem Grade, von der beschäftigungssteigernden

[11] Wir sehen davon ab, daß u. U. zunächst noch Produkte verkauft werden, die zu den alten, höheren Lohnkosten produziert worden sind.

[12] Vgl. *Matthews*, a.a.O., S. 506.

Tendenz beeinflußt. Der Effekt wird nun sein, falls die Unternehmer nur ihre alte Gewinnsumme wieder erreichen wollen, daß soviel Arbeit zusätzlich herangezogen wird, daß sich die alte Lohnsumme wieder ergibt. Eine Lohnsenkung von 20 % würde also zu einer 25 %igen Beschäftigungszunahme führen, m. a. W. die Nachfrageelastizität nach Arbeit wäre in diesem Fall gleich eins.

Die Frage liegt nun nahe, ob denn die Unternehmer nicht einen um die Lohnkürzung vergrößerten Gewinn zu erhalten suchen, indem sie die Güterpreise auf dem bisherigen Stand halten. Täten sie dies, so würde sich zunächst die Beschäftigung nicht erhöhen, vielmehr würde nur eine Einkommensverschiebung eintreten. In dem eben beschriebenen Fall dagegen wäre folgende eigenartige Lage gegeben, die man sich genau vergegenwärtigen muß: Indem die Unternehmer die infolge der Lohnkürzung eingesparten Beträge zusätzlich ausgeben würden, ohne auf den Güterpreisen zu beharren, würden sie zwar aus ihrem Vermögen zehren, weil sich ein entsprechender Geldgewinnteil nicht realisieren würde, sie könnten dies aber ohne Schaden tun und es würde sich dabei auch eine Erhöhung ihres Gewinns ergeben, allerdings in der Form eines erhöhten Realgewinns. Die zusätzlichen Ausgaben würden an sie zurückströmen und zur Bezahlung zusätzlicher Arbeitskräfte dienen. Der geschilderte Verlauf ist natürlich nur dann so gegeben, wenn keine time-lags auftreten.

Wir sehen, daß die Entwicklung von zwei Entscheidungen der Unternehmer abhängig ist: 1. Davon, wie sie ihre Ausgaben festsetzen nach der Lohnsenkung und 2. ob sie die Preise der Kostensenkung anpassen oder nicht. Der zweite Punkt hängt natürlich von der gegebenen Marktstruktur ab. Bei atomistisch strukturierten Märkten würden sie auf die Preisbildung als einzelne keinen Einfluß haben.

Die eben dargestellten Möglichkeiten des Verhaltens stellen gewisse Extremfälle dar. Für die Wirklichkeit werden irgendwelche Zwischenlagen zu erwarten sein. Wir können zunächst als Ergebnis festhalten, daß in dem hier betrachteten einfachen Modell eine Beschäftigungssteigerung zu erwarten ist, auch bei unverändertem Reallohn, sofern die Unternehmer sich zu vermehrten Ausgaben anregen lassen, was in einigem Grade wahrscheinlich sein dürfte. Halten die Unternehmer die Preise hoch und steigern dabei ihren Nominalgewinn, so wird als Sekundärwirkung u. U. ebenfalls eine gewisse Beschäftigungssteigerung eintreten. Die Annahme, daß bei gleichbleibendem Reallohn die Beschäftigung unverändert bleibe, ist nur für ein ziemlich extremes Verhalten der Unternehmer berechtigt, es kann ferner keineswegs als selbstverständlich betrachtet werden, daß der Reallohn unverändert bleibt.

Durch die Veränderung des realen Unternehmergewinns werden auf alle Fälle Verschiebungen eintreten zwischen einzelnen Branchen infolge der geänderten Nachfrage- und Gewinnsituation. Im gleichen Sinne macht sich die verschiedene Lohnintensität der einzelnen Produktionszweige bemerkbar.

Wir ergänzen nun unser Modell durch Hinzufügung zweier weiterer Gruppen von Produktionsbeteiligten und Einkommensempfängern: Ohne fremde Hilfe Produzierende (Selbständige) und von Kapitalerträgen Lebende (Kapitalrentner). Es ergeben sich hierdurch im wesentlichen die folgenden Modifikationen. Die Selbständigen werden von der Lohnsenkung weder in ihren Kosten noch in ihrem Einkommen unmittelbar berührt. Sie werden also zunächst gleich viel ausgeben. Es wird dies zur Stabilisierung der bisherigen monetären Gesamtnachfrage beitragen. Je nachdem, ob die Gesamtnachfrage von der Lohnsenkung unberührt bleibt oder nicht und — zu einem gewissen Grade — welche Verschiebung sich ergibt zwischen Unternehmer- und Arbeitnehmereinkommen, wird die Nachfrage nach der Produktion der Selbständigen sich verändern. Nimmt sie ab, so wird der Nachfragerückgang nach Unternehmungsprodukten entsprechend vermindert, was für die Beschäftigung günstig ist. Auf der einen Seite sinkt dann das Geldeinkommen der Selbständigen, was sich erst in der folgenden „Runde" bei der Nachfrage nach Unternehmungsprodukten bemerkbar macht, auf der anderen fallen die Preise für die Produkte der Unternehmungen. Je nach dem Verhältnis der beiden Änderungen ergibt sich eine Steigerung oder Senkung des Realeinkommens. Die Realeinkommensänderungen werden sich sekundär entsprechend der für die Selbständigen gegebenen Konsumfunktion auswirken. Im ganzen dürfte die Existenz der Gruppe der Selbständigen zu einer Beschäftigungsausweitung beitragen. Bei den Kapitalrentnern ist ebenfalls keine Einkommensminderung durch die Lohnsenkung gegeben. Sie werden mit ihrem kontraktbestimmten Einkommen auch von den weiteren Änderungen nur dadurch berührt, daß ihr Realeinkommen steigt. Welche Auswirkungen sich daraus ergeben, hängt wieder von der Konsumfunktion der Kapitalrentner ab. Durch die Existenz der Kapitalrentner wird zwar ein weiterer Teil der Gesamtnachfrage stabil bleiben, der Spielraum für zusätzliche Nachfrage der Unternehmer und die Kostensenkung für die Produkte der Unternehmungen werden anderseits geringer. Von dieser Gruppe wird die Beschäftigungsentwicklung im ganzen also nicht so günstig beeinflußt werden wie von den Selbständigen.

Wir müssen nun die Investition noch etwas näher betrachten. Würde man die Realinvestition als gleichbleibend annehmen, so würde das in jedem Fall steigende Realeinkommen der Unternehmer, die die weitaus größte Sparneigung haben, zu einer deflatorischen Lücke führen. (Diese wird vergrößert, wenn die Gruppen der Selbständigen und Rentner eine Grenzneigung zum Konsum haben, die kleiner als eins ist.) Die deflatorische Lücke würde erst dann verschwinden, wenn das Realeinkommen der Unternehmer wieder auf das alte Niveau gesunken wäre, d. h. also dann, wenn die Beschäftigung wieder auf dem alten Stand angelangt wäre, nach Ablauf eines negativen Multiplikatorprozesses.[13] Dies gälte bei unveränderter Realinvestition je Periode und konstanter Konsumfunktion der Unternehmer. Nun wirken aber Kräfte in der entgegengesetzten Richtung. Einmal ist damit zu rechnen, daß die gesunkenen Preise der Investitionsgüter eine anregende Wirkung auf die Investitionstätigkeit ausüben, weil sie rentabilitätssteigernd wirken. Weiter ist es durchaus möglich, daß bei einer rückläufigen Einkommensentwicklung der Konsum weniger abnimmt als er bei einer Einkommenszunahme steigt (verschiedene Konsumfunktionen bei positiver und negativer Einkommensentwicklung). Auf jeden Fall dürfte aber der von *Keynes* betonte Zusammenhang von Bedeutung sein. Mit zunehmender Einkommensreduktion wird die benötigte Transaktionskasse kleiner, bei konstanter Geldmenge wird sich also normalerweise eine Zinssenkung ergeben, die investitionssteigernd wirkt, soweit die Investition zinselastisch ist. Die rückläufige Einkommensentwicklung wird also, wenn sie überhaupt eintritt, immer stärker gebremst. Schließlich kann der *Pigou*-Effekt angeführt werden, der zu einem gewissen Grad ebenfalls anregend wirken wird, und zwar, wie bereits beschrieben, auf die Konsumausgaben. Wenn die nach der Lohnsenkung nach unten korrigierten Preise infolge des Nachfragerückgangs nicht weiter sinken, sondern lediglich die Zusatzbeschäftigung wieder abgebaut wird, so wird weder eine Nachfragezurückhaltung noch die Neigung zum Halten einer vergrößerten Spekulationskasse erzeugt und somit der *Pigou*-Effekt voll wirksam werden können. Es ist also nicht zu erwarten, daß die Beschäftigung nach einiger Zeit wieder auf den Ausgangsstand absinken wird.

Das wichtigste Ergebnis der bisherigen Überlegungen besteht darin, daß die Beschäftigungswirkung der Lohnsenkung von den verschiedenen Entscheidungen der Unternehmer abhängt, die teilweise durch die Marktstruktur und technische Zusammenhänge bedingt sind, im übrigen durch die subjektiven Reaktionsweisen oder „Neigungen". Besonders entscheidend ist der Umstand, ob die durch die Lohnkür-

[13] Vgl. *Matthews*, a.a.O., S. 507.

zung entstandene Ausgabenersparnis für anderweitige Ausgaben verwendet wird oder nicht.

Das Bild muß nun noch vervollständigt werden durch Berücksichtigung der staatlichen Finanzwirtschaft und der außenwirtschaftlichen Beziehungen.

Die Lohnsenkung führt zunächst zu einer Verminderung der staatlichen Steuereinnahmen und der Beiträge an die Sozialversicherungsträger. Soweit progressive Sätze gegeben sind, ist die Einnahmeminderung überproportional. Auf der anderen Seite steht wahrscheinlich entweder eine entsprechende Zunahme der Lohneinkommen durch die Erhöhung der Beschäftigung oder eine Zunahme der Nominalgewinne. Im ersten Fall wird die Ausweitung des Arbeitnehmereinkommens durch zusätzliche Beschäftigung den Einnahmenausfall nicht wett machen, weil sich das Einkommen auf eine größere Zahl von Lohnempfängern verteilt. Im zweiten Fall wird zwar das Einkommen bei einer hochbesteuerten Gruppe vergrößert, es ist aber zu berücksichtigen, daß die Zusatzsteuer in der Regel erst sehr viel später fällig wird. Weiter wirkt sich die normalerweise eintretende Preissenkung der Produkte der Unternehmungen in einem Rückgang der indirekten Steuereinnahmen aus. Nimmt man — was sicherlich berechtigt ist — an, daß die Staatsausgaben von dem Einnnahmenrückgang nicht berührt werden und sich auch die Preissenkung hier nicht erheblich auswirkt, so ergibt sich eine beschäftigungssteigernde Wirkung aus der Beteiligung des finanzwirtschaftlichen Sektors. Ein sich ergebendes Staatsdefizit verhindert evtl. die oben erwähnte deflatorische Lücke.

Was die außenwirtschaftlichen Beziehungen anlangt, so führt die Lohnsenkung, wenn die Produktpreise von den Unternehmern nicht auf dem bisherigen Stand gehalten werden, zu einer Verbesserung der Absatzchancen im Ausland. Ob bei niedrigeren Preisen mehr exportiert werden kann, hängt von der Preiselastizität der Nachfrage auf den Exportmärkten ab. Ist diese größer als eins, was für industrielle Fertigwaren im allgemeinen angenommen werden kann, so wird der Export nicht nur mengen- sondern auch wertmäßig ausgeweitet. Auf jeden Fall tritt eine beschäftigungssteigernde Wirkung ein. Die Frage ist nun, inwieweit diese Wirkung durch eine Importsteigerung kompensiert wird. Handelt es sich bei den Importgütern im wesentlichen um Konkurrenzgüter der Exportgüter oder nicht ausgeführter inländischer Produkte, so wird ein Importrückgang eintreten, der beschäftigungssteigernd wirkt. Wenn dagegen Rohstoffe eingeführt werden, so wird eine erhöhte inländische Produktion eine gesteigerte Einfuhr erforderlich machen. Je höher nun die Rohstoffabhängigkeit vom Ausland, desto geringer wird der Spielraum für zusätzliche Beschäftigungsmöglichkeit auf Grund einer Lohnsenkung, da nur eine entsprechend geringere Kosten- und Preissenkung erfolgen kann. Die Exportsteigerung zieht zwangsläufig einen erhöhten Import nach sich, die terms of trade verschlechtern sich, doch wird per saldo durch zusätzlichen Auslandsabsatz eine Beschäftigungssteigerung eintreten. Ein sich bildender Exportüberschuß wird wiederum der Entstehung einer deflatorischen Lücke entgegenwirken.

Wenn wir nun die zahlreichen Tendenzen, die eine einmalige Lohnsenkung auslöst, überblicken, so sehen wir, daß sie in bezug auf die Beschäftigung verschieden gerichtet sind. Es dürfte, das hat diese kurze Analyse ergeben, ein Überwiegen der beschäftigungssteigernden Tendenzen gegeben sein. Eins ist jedoch gewiß, es kann kein Automatismus abgeleitet werden, der mit absoluter Sicherheit zu einer dauernden Beschäftigungssteigerung führt. Es hängt alles von der Verhaltensstruktur ab, und diese kann sehr verschieden beschaffen sein. A priori läßt sich nicht sagen, auf welche Struktur man stoßen wird. Was den besonders wichtigen Punkt der Zusatzausgaben der Unternehmer betrifft, so ist sehr fraglich — darauf bin ich bisher noch nicht eingegangen —, ob die Zusatzausgaben, selbst wenn sie an sich beschlossen sind, auch unverzüglich vorgenommen werden. Wenn hier ein timelag auftritt, verschiebt sich das Bild sofort. Über evtl. auftretende time-lags hier etwas zu sagen, ist äußerst schwierig.

Der ganze Komplex von Wirkungen, die mit einer Lohnsenkung verknüpft sind, ist äußerst verwickelt, man kann aber die verwirrende Vielfalt von Komponenten nicht verringern. Sie sind nun einmal so zahlreich. Eine Lohnsenkung kann, worauf *Matthews*[14] mit Recht hinweist, auch wenn sie selbst nur eine vorübergehende Beschäftigungswirkung hat, je nach der Phase der Konjunktur, durch Anregung eines kumulativen Prozesses, doch eine Dauerwirkung hervorrufen. Die Koeffizienten, die die Verhaltensstruktur charakterisieren, sind bekanntlich in den einzelnen Phasen erheblich verschieden.

Wenn mehrere Lohnsenkungen einander folgen und sich dadurch eine Lohnsenkungserwartung bildet, so scheint die unmittelbare Wirkung dieser Erwartung, wie bereits erwähnt, nicht unbedingt negativ zu sein. Die Lohnsenkungen führen jedoch zu Preissenkungen, es entsteht also auch eine Erwartung weiterer Preissenkungen und diese ist gefährlich, insbesondere, soweit es sich um dauerhafte Güter handelt. Man verschiebt die Käufe, und es entwickelt sich ein Schrumpfungsprozeß. Eine Kette von Lohnsenkungen ist also nicht günstig zu be-

---

[14] Vgl. *Matthews*, a.a.O., S. 511 f.

urteilen. Ebenso wird eine lange Folge von partiellen Lohnsenkungen die Wirtschaft in Unruhe versetzen und Unsicherheitsfaktoren schaffen, die sich ungünstig auswirken.

Es sind nun weiter die beschäftigungsmäßigen Wirkungen einer Lohnsteigerung zu betrachten.

III.

Wir machen zunächst dieselben Annahmen wie bei der Diskussion einer Lohnsenkung, betrachten also eine Zwei-Klassen-Wirtschaft ohne staatliche Beteiligung und Außenbeziehungen. Auch die Annahmen hinsichtlich der Gütermärkte sollen gelten.

Zunächst können wir wieder eine Substitutions- und eine Kontraktionswirkung unterscheiden, analog zu den beiden Wirkungen einer Lohnsenkung. Bei gestiegenem Lohn ergibt sich eine Tendenz, Arbeitsleistung durch andere Produktionsmittel zu ersetzen. Wir glauben auch hier den Substitutionseffekt vernachlässigen zu können.[15] Die Kontraktionswirkung tritt ein, wenn man unterstellt, daß die geldliche Gesamtnachfrage unverändert ist. Dies wäre dann der Fall, wenn die Unternehmer im Umfang der erhöhten Lohnausgaben ihre Verbrauchs- und Investitionsausgaben einschränken würden, d. h. wenn sie einmalig weniger ausgäben, ohne aber ihren Gewinn einschränken zu lassen. Entsprechend den gestiegenen Kostenkurven würde jetzt die Produktion früher abgebrochen, es käme also zu einer Preiserhöhung und einem Beschäftigungsrückgang. Dies ist der analoge Fall zu dem der Beschäftigungsausdehnung auf Grund der Zusatzausgaben oben.

Weiter gibt es den Fall, wo die Unternehmer die bisherigen Preise beibehalten und auf Gewinnteile in dem Umfang verzichten, wie die Lohnkosten gestiegen sind. Hier würde die Kontraktionswirkung ausbleiben, es träte lediglich eine Einkommensverschiebung zugunsten der Arbeitnehmer ein.[16]

Die Unternehmer können ferner ihren bisherigen Stückgewinn beibehalten. Damit vergrößert sich die Gesamtnachfrage im Umfang der gestiegenen Lohnkosten. Es macht sich nunmehr die Einkommenswirkung der Lohnerhöhung bemerkbar, die zu einer Kompensation der Kontraktionswirkung führt. Genau in dem Umfang, in dem die gesamten Kosten gestiegen sind, erhöht sich die Gesamtnachfrage (wenn man eine Konsumneigung von eins für die Arbeitnehmer annimmt). Die Preise erhöhen sich entsprechend der Kostensteigerung, das Real-

---

[15] Vgl. hierzu R. *Lester*, Shortcomings of Marginal Analysis for Wage-Employment Problems, Am. Ec. Review, Vol. XXXVI (1946), S. 81.

[16] Unter bestimmten Bedingungen tritt keine Einkommensverschiebung ein, wie *Mayer* zeigt (a.a.O., S. 520).

einkommen der Unternehmer vermindert sich. Die Beschäftigungswirkung ist also hier gleich null, es erhöht sich jedoch das Realeinkommen der Arbeitnehmer. Das zuletzt beschriebene Verhalten der Unternehmer liegt wohl dem in der Realität zu erwartenden am nächsten.[17] Es ist nicht nur damit zu rechnen, daß die Unternehmer ihren absoluten Gewinn aufrechterhalten, sie werden höchstwahrscheinlich auch die Gewinnquote beibehalten wollen, d. h. im gleichen Prozentsatz wie die Löhne werden sie ihre Gewinnzuschläge erhöhen,[18] es steigen damit auch die Preise entsprechend und wiederum ist die Gesamtbeschäftigung unverändert, weil dem neuen Gesamtproduktionswert eine gleich hohe Geldnachfrage gegenübersteht.[19] Die Unternehmer erhöhen ihre Geldeinkommen selbst, indem sie sich gegenseitig mehr zahlen. Es ist dies nur möglich, genauso wie die Finanzierung der höheren Lohnzahlungen, wenn sie über Geldreserven verfügen oder sich bei den Banken zusätzlich Geld verschaffen können. Dies kann normalerweise unterstellt werden.

Wir sehen nun, bezüglich der möglichen Verhaltensweisen der Unternehmer gibt es zwischen Lohnsenkung und Lohnerhöhung eine genaue Symmetrie, keineswegs aber hinsichtlich der realen Bedeutung der einzelnen Möglichkeiten. Während im Fall der Lohnsenkung eine Aufrechterhaltung der monetären Gesamtnachfrage ohne Festhalten an den Güterpreisen mit einer entsprechenden Beschäftigungsausdehnung — oder wenigstens eine Annäherung an diesen Fall — nicht unwahrscheinlich erschien, ist hier der Analogfall mit entsprechender Beschäftigungsschrumpfung nicht zu erwarten. Der Kontraktionseffekt dürfte nicht zum Tragen kommen.

Ist es nun möglich, daß sogar ein Expansionseffekt im Fall der Lohnerhöhung eintritt? Ist m. a. W. bei einer Lohnerhöhung nicht nur keine Gefahr einer Beschäftigungsschrumpfung gegeben, sondern evtl. sogar die Möglichkeit einer Ausweitung der Beschäftigung, so daß eine Lohnerhöhung als expansives konjunkturpolitisches Instrument verwendet werden könnte? Eine solche Möglichkeit besteht nur bei einem Verhalten der Unternehmer, das nicht erwartet werden kann. Es müßten die Ausgaben der Unternehmer gleich bleiben und zugleich auch die Güterpreise, nur dann würde sich das Zusatzeinkommen der Arbeitnehmer in vollem Umfang beschäftigungssteigernd auswirken. Das würde aber bedeuten, daß die Unternehmer trotz verminderten

---

[17] Hierüber sind die Meinungen allerdings geteilt. Vgl. z. B. L. G. *Reynolds*, Relations Between Wage Rates, Costs and Prices, in: Readings in the Theory of Income Distribution, Philadelphia-Toronto 1949, S. 301.

[18] Vgl. *Schouten*, a.a.O., S. 223.

[19] Ob die sogenannte Geldillusion ein Zurückbleiben der Nachfrage erzeugen wird, wie *Schouten* annimmt (a.a.O., S. 226), erscheint fraglich.

Gewinns — gestiegene Kosten bei gleichbleibenden Preisen — ihre Ausgabenhöhe beibehalten würden. In dem Umfang, wie ihr Gewinn geschmälert wird, müßten sie in Reserve gehaltene oder zusätzlich durch Kreditinanspruchnahme bei den Banken beschaffte Geldmittel verausgaben. Mit einem solchen Verhalten ist, wie gesagt, nicht zu rechnen. Zwar brauchten die Unternehmer sich nur während einer „Runde" so zu verhalten, bis die aus der zusätzlichen Produktion entstandenen Arbeitseinkommen ausbezahlt wären, die jetzt zusätzlich verausgabt würden, es ist auch durchaus wahrscheinlich, daß sie ihre Ausgaben aufrechterhalten, aber, das ist das Entscheidende, sie werden die Preise nicht auf dem alten Stand halten. Im Fall vollständiger Konkurrenz würden diese von selbst in die Höhe getrieben, bei monopoloider Marktstruktur werden die Unternehmer den Preis mindestens im Umfang der gestiegenen Kosten erhöhen, sehr wahrscheinlich aber mehr. Damit entfällt die Voraussetzung einer Beschäftigungsexpansion.

Bei der Beantwortung der Frage, ob eine beschäftigungssteigernde Wirkung einer Lohnerhöhung erwartet werden kann, ist nun noch folgendes zu bedenken: Die Lohnerhöhung kann u. U. zu einer Erhöhung der Arbeitsproduktivität führen durch Erhöhung der Arbeitsleistung einerseits, bessere Organisation des Arbeitsablaufs anderseits. Man könnte sich nun denken, daß dadurch die Kostenerhöhung ausgeglichen wird und somit der Produktpreis beibehalten werden kann, ohne daß die Unternehmer auf einen Teil ihres Gewinns verzichten. In diesem günstigen Fall wäre kein „unnatürliches" Verhalten der Unternehmer erforderlich, damit ihre bisherige monetäre Nachfrage aufrechterhalten bliebe bei unveränderten Preisen, aber — es würde keine Ausweitung der Beschäftigung eintreten, weil die erhöhte Nachfrage durch erhöhten Ausstoß bei gleichem Arbeitsaufwand wie bisher befriedigt werden könnte. Das Argument der produktivitätssteigernden Wirkung einer Lohnerhöhung hat also keine Bedeutung, wenn man eine Beschäftigungserhöhung erreichen will.

Die bisherigen Überlegungen ergeben, daß eine Lohnerhöhung höchstwahrscheinlich auf die Beschäftigung nicht negativ, aber auch nicht positiv wirkt, sondern lediglich eine Preissteigerung auslöst. Was bezüglich der einzelnen Gütergruppen für die Lohnsenkung ausgeführt wurde, gilt mit umgekehrten Vorzeichen auch hier, braucht also nicht weiter erörtert zu werden.

Nehmen wir die beiden Bevölkerungsgruppen der Selbständigen und Kapitalrentner wieder mit in die Betrachtung herein, so ergeben sich im wesentlichen folgende Veränderungen: Beide Gruppen erleiden eine Verringerung ihres Realeinkommens, die Kapitalrentner in einer rigoroseren Form, weil die Steigerung der monetären Nachfrage auf ihr

Einkommen keinen Einfluß hat. Je höher die Renteneinkommen, desto geringer wird die kostensteigernde Wirkung der Lohnerhöhung sein — in den einzelnen Branchen treten Unterschiede auf je nach der Lohnintensität —, desto geringer werden auch die Erhöhungen der Gewinnzuschläge der Unternehmer sein. Die Selbständigen werden eine gewisse Steigerung ihres Nominaleinkommens erfahren, trotzdem wird ihr Realeinkommen sinken. Eine gewisse beschäftigungsdrosselnde Wirkung wird sich gegenüber der Zwei-Klassen-Wirtschaft dadurch ergeben, daß ein Teil der Zusatznachfrage, die von den Arbeitnehmern (und Unternehmern) entfaltet werden kann, sich den relativ billiger gewordenen Produkten der Selbständigen zuwendet. Bei den Selbständigen so entstehende höhere Nominaleinkommen fließen nun zwar wieder in den Unternehmungssektor zurück, aber auf jeden Fall mit einer Verzögerung. Im ganzen wirkt die Existenz der Selbständigen und Kapitalrentner wohl beschäftigungsmindernd.

Welche Entwicklung wird die Investitionstätigkeit nehmen? Eine Aufrechterhaltung des realen Ausgangs- (Gleichgewichts-) Investitionsvolumens bedeutet eine Erhöhung der Nominalinvestition. Wenn sich das Einkommen der Unternehmer parallel zu den Preisen der Unternehmungsprodukte erhöht und damit infolge der Einbußen der Selbständigen und Kapitalrentner real etwas ansteigt, so genügt eine Aufrechterhaltung der Realinvestition nicht, um die Beschäftigung zu halten. Kann mit irgendeiner anregenden Wirkung gerechnet werden? Die gestiegenen Preise der Investitionsgüter wirken hier ebenso ungünstig wie der evtl. gestiegene, keinesfalls aber gesunkene Zinssatz. Die Frage ist also zu verneinen. Wenn man ferner noch berücksichtigt, daß die gestiegenen Preise einen „umgekehrten" *Pigou*-Effekt herbeiführen können, so kommt man zu dem Ergebnis, daß sich hier noch einige beschäftigungsmindernde Tendenzen bemerkbar machen können.

Fügen wir nun die staatliche Finanzwirtschaft in unser Modell ein! Eine Steigerung der Einkommen und Preise bedeutet eine Erhöhung der staatlichen Einnahmen. Bei progressiven Sätzen wird sich diese Erhöhung verstärkt bemerkbar machen. Auf der anderen Seite steigen die Staatsausgaben im Umfang der Preiserhöhung. Es ist anzunehmen, daß per saldo ein Einnahmenüberschuß auftreten wird und damit von der staatlichen Finanzwirtschaft eine beschäftigungsmindernde Wirkung ausgeht.[20]

Bei Berücksichtigung der außenwirtschaftlichen Beziehungen sind die gleichen Umstände entscheidend wie im Fall einer Lohnsenkung. Die Preiserhöhung führt bei einer Nachfrageelastizität der Exportgüter über eins zu einem Exportrückgang. Dies wird nicht sehr ins Gewicht

[20] Vgl. *Mayer*, a.a.O., S. 529.

fallen, wenn nur eine geringfügige außenwirtschaftliche Verflechtung gegeben ist.[21] Bei gleichbleibender inländischer Produktion ist mit unveränderter Rohstoffeinfuhr zu rechnen, soweit sie von dieser beansprucht wird. Der Exportrückgang führt zu einer gewissen Importsenkung. Auf der anderen Seite aber wird der Import angeregt durch die inländische Preissteigerung. Im ganzen dürfte die außenwirtschaftliche Verflechtung eine beschäftigungsmindernde Tendenz bedeuten.[22]

Überblicken wir nun wieder die Reihe der von einer Lohnerhöhung ausgelösten Tendenzen, so können wir das Fazit ziehen, daß eine Lohnsteigerung bestenfalls eine Aufrechterhaltung des bisherigen Beschäftigungsniveaus zulassen wird. Wenn man einer Lohnsenkung im ganzen eine beschäftigungssteigernde Wirkung zuschreiben kann, so darf man daraus nicht ohne weiteres schließen, daß eine Lohnsteigerung eine Verringerung der Beschäftigung zur Folge hat. Eine Expansionswirkung auf die Beschäftigung darf man von einer Lohnerhöhung allerdings nicht erwarten. Im allgemeinen wird sich eine Preissteigerung bei annähernd gleichbleibender Beschäftigung ergeben, die den Arbeitnehmern und parallel dazu den Unternehmern eine einkommensmäßige Besserstellung verschafft auf Kosten der übrigen Schichten der Bevölkerung. Es werden ferner Gefahren heraufbeschworen für die Außenhandelssituation.

Betrachten wir nun noch den Fall einer mehrfach wiederkehrenden Lohnerhöhung, aus der sich die Erwartung weiterer Lohnerhöhungen ergibt. Für die Beschäftigung werden sich jetzt günstigere Aspekte ergeben infolge der Anreizwirkungen, die von sich wiederholenden Preissteigerungen ausgehen. Eine solche Preisinflation hat aber so erhebliche Nachteile (Diskriminierung der Rentner und Pensionäre, Entwertung der Geldvermögen, außenwirtschaftliche Bedrängnis), daß man es nicht rechtfertigen kann, auf diesem Weg eine Beschäftigungssteigerung herbeizuführen.

Unsere Untersuchung ergab, daß eine Lohnsenkung keinesfalls automatisch zu einer Erhöhung der Beschäftigung führt und daß bei einer Lohnerhöhung so gut wie gar nicht mit einer solchen gerechnet werden kann. Zur Beseitigung eines unbefriedigenden Beschäftigungsgrades sind daher auch als geeignetere Mittel diejenigen der Geld- und Finanzpolitik vorgeschlagen und praktisch angewendet worden. Wenn man mit solchen Mitteln einen hohen Beschäftigungsgrad erreicht hat, so stellt sich das Problem: Wie reagieren die Löhne auf Vollbeschäftigung und welche Konsequenzen ergeben sich insbesondere hier aus Lohnerhöhungen? Es ergibt sich also, wenn mit den genannten wirt-

---

[21] Vgl. *Schouten,* a.a.O., S. 223.
[22] Daselbst.

schaftspolitischen Mitteln ein hoher Beschäftigungsstand erreicht und gehalten wird, eine Umkehrung der Fragestellung: Wie wirkt die Beschäftigung auf die Löhne zurück und welche Konsequenzen ergeben sich aus dieser Rückwirkung? Diese sehr aktuelle Problematik darf nicht unberücksichtigt bleiben, wenn man die Beziehungen zwischen Löhnen und Beschäftigung untersucht. Es soll daher im folgenden noch darauf eingegangen werden.

IV.

Zunächst ist hier kurz einiges zu sagen über die Struktur des Arbeitsmarktes und die Stellung der Gewerkschaften. Zur Brechung der Überlegenheitsposition der als Monopsonisten den anomal reagierenden Arbeitnehmern gegenüberstehenden Unternehmer wurden sie geschaffen und haben auf einem Markt, wo es nie beiderseitige atomistische Struktur, verbunden mit normaler Reaktion, und damit vollständige Konkurrenz gab, eine Art von Kräftegleichgewicht herbeigeführt. Die parallele Organisierung der Arbeitgeber ließ die eigentümliche Marktstruktur entstehen, in der sich zwei Kollektivmonopole gegenüberstehen. Damit wurde der volkswirtschaftlich wichtigste Preis, der nie ein Konkurrenzpreis war, zum Ergebnis eines Verteilungskampfes, der zwischen machtvollen Organisationen ausgetragen wird. Das gesamte Preisgebäude der Wirtschaft ist nun mit dem Unsicherheitsfaktor belastet, der durch diesen Verteilungskampf, der jederzeit aufleben kann, gegeben ist. (Eine generelle Lohnsenkung oder Lohnerhöhung, deren vermutliche Auswirkung auf die Beschäftigung wir diskutierten, ist natürlich auch nur denkbar, wenn die beiden Kollektivpartner sich damit einverstanden erklären.)

Solange nun Arbeitslosigkeit in größerem Umfang herrscht oder damit zu rechnen ist, daß sich eine solche jederzeit wieder einstellen kann, sind die Gewerkschaften in der Regel maßvoll in ihren Lohnforderungen, weil sie befürchten, daß eine Lohnerhöhung zu einem Rückgang der Beschäftigung führt, eine Befürchtung, die, wie unsere Untersuchung ergab, nicht ganz zu Unrecht besteht. Ganz anders aber ist die Situation, wenn der Staat eine Politik betreibt, die einen hohen Beschäftigungsstand garantiert. Jetzt fallen die Hemmungen fort, die Gewerkschaften werden kühner bei ihren Lohnforderungen. Die Arbeitgeberverbände sträuben sich zwar, doch wird in der Regel ein Kompromiß zustande kommen bei einem höheren Lohn. Die Unternehmer suchen sich schadlos zu halten durch eine Erhöhung der Preise, was ihnen, wie wir gesehen haben, bei einer allgemeinen Lohnerhöhung durchaus gelingen wird.[23] (Bei partiellen Lohnerhöhungen

[23] Aus diesem Grunde ist auch eine Lohnerhöhung mit dem Ziel, die ge-

ist dies zwar nicht der Fall, doch pflegen diese nicht isoliert aufzutreten, sondern als Teilchen einer Lohnerhöhungs„welle", die erst im Verlauf eines bestimmten Zeitraums zu einer totalen Lohnsteigerung führt.) Als Folgen ergeben sich so Reallohnerhöhungen beider kollektiver Marktparteien auf Kosten derjenigen Bevölkerungsgruppen, die keine Mannschaften zur Verfügung haben, um sich am Tauziehen zu beteiligen, und eine Aufblähung des Preisniveaus. Es droht von dieser Seite wohl die schwerwiegendste Inflationsgefahr für eine Vollbeschäftigungswirtschaft.

Nur in einem Fall braucht eine Preiserhöhung bei genereller Lohnsteigerung nicht einzutreten: wenn die Arbeitsproduktivität im gleichen Umfang gestiegen ist, so daß die Lohnsteigerung nicht zu einer Kostensteigerung führt. Es dürfte, wenn man Inflationserscheinungen verhüten will, eine Lohnerhöhung also nur in dem von der Produktivitätssteigerung eingeräumten Spielraum erfolgen. Seit Jahren wird darüber diskutiert, wie man in einer Wirtschaft mit Vollbeschäftigung die Lohnsteigerung innerhalb dieser Grenzen halten kann, ohne daß der Staat unmittelbar in die Lohnbildung eingreift.

Eine Möglichkeit besteht darin, daß man von den „Sozialpartnern" verlangt, der Öffentlichkeit an Hand zuverlässigen statistischen Materials eine stichhaltige Begründung der Lohnänderungswünsche vorzulegen und daß die Lohnverhandlungen mit allen Argumenten vor der Öffentlichkeit geführt werden. Voraussetzung hierfür ist nun wieder, daß neutrale, d. h. staatliche Stellen damit beauftragt werden, entsprechende Statistiken zu führen, insbesondere also über die Produktivitätsentwicklung,[24] so wie sie in den USA seit einiger Zeit vom Bureau of Labour Statistics registriert wird. Dies macht natürlich einige Schwierigkeiten — die Betriebe müssen regelmäßige und zuverlässige Meldungen abgeben, man muß einen einheitlichen Maßstab verwenden usw. —, die jedoch lösbar sind. Gegner der Publizität der Lohnverhandlungen behaupten, daß sie nicht zu Mäßigung und Verantwortungsbewußtsein führe, sondern im Gegenteil Prestigeerwägungen in den Vordergrund rücken lasse.[25] Diese Bedenken scheinen jedoch nicht angebracht zu sein. Wer sich vor der Öffentlichkeit rechtfertigen muß, wird vorsichtiger sein in seinen Forderungen.

Wenn die Produktivitätsentwicklung in etwa bekannt ist, so ergibt sich die Frage, ob man die Löhne in den einzelnen Branchen an die

---

samtwirtschaftliche Konsumkurve anzuheben, um den Auswirkungen einer absinkenden Investitionsneigung vorzubeugen, zum Scheitern verurteilt.

[24] Vgl. die Forderungen A. *Hansens,* in: Economic Policy and Full Employment, New York—London 1947, S. 240.

[25] Vgl. H. W. *Singer,* Wage Policy in Full Employment, Ec. J., Vol. LVII (1947), S. 441.

Produktivitätsentwicklung dieser Branchen oder an die durchschnittliche Produktivitätsentwicklung der Gesamtwirtschaft anpassen soll. Es spricht einiges für den Vorschlag A. *Hansens*, die durchschnittliche Produktivitätsentwicklung als Richtschnur zu nehmen.[26] Es würde insbesondere ungerechtfertigt erscheinen und zu Spannungen führen, wenn in Industrien, deren Ausstoß pro Arbeitseinheit durch bedeutende technische Neuerungen sprunghaft gestiegen ist, auch die Löhne entsprechend in die Höhe schnellen würden. Abweichungen in der Produktivitätsentwicklung einzelner Branchen sollten in den Preisen berücksichtigt werden: Preissenkung in den besonders günstig gestellten, Preiserhöhungen in den produktivitätsmäßig stagnierenden Industrien.

Wird eine solche Entwicklung mit Hilfe einer öffentlich kontrollierten, aber nicht vom Staat regulierten Lohnbildung angestrebt, so ergeben sich weitere Schwierigkeiten. Es ist zu erwarten, daß die Unternehmer nicht nur in technisch zurückgebliebenen Branchen, sondern auch in anderen, und weiter auch in höherem Ausmaß, als dies durch Produktivitätslags begründet wäre, mit Preissteigerungen reagieren. Wollte man dies vermeiden, so müßte man eine gewisse Preiskontrolle ins Leben rufen, die festzustellen hätte, ob Preiserhöhungen auf Grund der branchenmäßigen Produktivitätslage gerechtfertigt wären oder nicht. Die Unternehmer werden sich an die bisherigen Preise nicht binden wollen. Sie werden erklären, die Erhöhung der Arbeitsproduktivität habe zwar die Arbeitskosten je Produkteinheit gesenkt, die Kosten anderer Produktionsmittel aber in einem gewissen Umfang erhöht (vermehrte Maschinenverwendung in erster Linie), ein Anheben der Arbeitskosten auf den alten Stand erhöhe also die Stückkosten insgesamt, weshalb eine Preiserhöhung notwendig sei; außerdem seien ihre eigenen unternehmerisch-organisatorischen Leistungen an der Hebung der Produktivität beteiligt, sie fänden sich daher nicht bereit, den ganzen Vorteil den Arbeitnehmern zugute kommen zu lassen. Die Unternehmer werden, wie gezeigt wurde, durchaus in der Lage sein, die Preise zu erhöhen, wenn sie nicht durch wirtschaftspolitische Eingriffe daran gehindert werden. Es wird also ohne Preiskontrolle und damit doch sehr weitgehende Überwachung der Wirtschaft zu Preiserhöhungen als Folge von Produktivitäts-Lohnsteigerungen kommen, die nicht durch Preissenkungen ausgeglichen werden.[27] Man muß also entweder mit direkten Kontrollen

---

[26] Vgl. A. *Hansen*, a.a.O., S. 244 f.; vgl. auch Wayne G. *Broehl*, Trade Unions and Full Employment, Southern Economic Journal, Vol. XX (1953), S. 67.

[27] Unter diesem Gesichtspunkt gewinnt der Gewinnbeteiligungsgedanke an Bedeutung, weil bei dieser Form der Beteiligung der Arbeitnehmerschaft

arbeiten mit all ihren bekannten Komplikationen oder die Preissteigerungsgefahren in Kauf nehmen. Es liegt hier eine der größten Schwierigkeiten einer Wirtschaft mit permanenter hoher Beschäftigung.

Als berechtigten Grund für eine Lohnsteigerungsforderung der Gewerkschaften wird man wohl auch eine Erhöhung des Lebenshaltungskostenindex anerkennen. Wie ist in diesem Fall eine Lohnsteigerung zu beurteilen und welche Konsequenzen sind zu erwarten? Wenn nicht frühere Lohnerhöhungen oder willkürliche Preiserhöhungen der Unternehmer, die sie sich gegenseitig ermöglichen, oder schließlich außenwirschaftliche Veränderungen die Ursachen sind, so wird eine Verschlechterung der Produktionsbedingungen vorliegen, die durch Kapazitätsbegrenzung bedingt ist, wie sie vor allem bei der Erzeugung von Rohstoffen auftreten kann. Wenn man hier erreichen will, daß die Reallöhne unverändert bleiben, die Nominallöhne also parallel zu den Preisen ansteigen läßt, so werden diejenigen Gruppen, deren Einkommen gleich bleibt, benachteiligt. Die Unternehmer werden eine solche Lohnerhöhung nicht hinnehmen, ohne ihre eigenen Einkommen entsprechend mitzuerhöhen, so daß eine weitere Preissteigerung die Folge ist. Die beiden organisierten Gruppen halten sich schadlos auf Kosten der übrigen Bevölkerung. Also auch hier ist die Lohnerhöhung eine problematische Angelegenheit.

Um auf die steigende Arbeitsproduktivität zurückzukommen, so ist es richtig, das Gesamteinkommen der Wirtschaft parallel zum steigenden Güterausstoß ansteigen zu lassen. Um die Verteilung des Zusatzeinkommens wird es jedoch Auseinandersetzungen geben zwischen den beiden Gruppen, die am aktivsten sind, den Arbeitnehmern und den Unternehmern. Vermutlich werden die Unternehmer durch eine entsprechende Preispolitik immer wieder einen Teil des aus der Produktivitätssteigerung resultierenden Vorteils für sich zurückholen.

Die Unsicherheiten und Preissteigerungsgefahren sind natürlich noch größer, wenn durch die Lohnerhöhung eine Produktivitätssteigerung erst herbeigeführt werden soll, sei es in der Form, daß man eine entsprechende Erhöhung der Arbeitsleistung erwartet, sei es durch eine bessere Organisation der Fertigung von Massenkonsumgütern im Gefolge einer durch die Lohnerhöhung ausgelösten Nachfragesteigerung (Kaufkraftargument). Solche Wirkungen sind sehr unsicher. Wenn sie nicht oder erst nach längerer Zeit eintreten, werden eben Preissteigerungen erfolgen. Und selbst wenn sie sich sofort und in vollem Um-

---

an Produktivitätssteigerungen keine Preiserhöhungstendenz besteht. Vgl. *Sir Douglas Copland*, The Full Employment Economy with Special Reference to Wage Policy, Oxford Economic Papers, New Series, Vol. V (1953), S. 231.

fang einstellen, ist nicht zu erwarten, daß die Preise nicht auf die Lohnsteigerung reagieren werden. Es treten immer wieder dieselben Schwierigkeiten auf.

V.

Zum Schluß sollen die wichtigsten Ergebnisse unserer Erörterungen noch einmal in wenigen Sätzen zusammengefaßt werden.

Die Untersuchung der Wirkungen einer einmaligen Lohnsenkung ergab, daß bei Abwägung aller von einer solchen ausgelösten Tendenzen nach ihrer Richtung und Stärke unter günstigen Umständen mit einer Ausweitung der Beschäftigung gerechnet werden kann. Die Bedingungen, die hier erfüllt sein müssen, haben wir abzuleiten versucht. Von einer automatischen Herstellung eines hohen Beschäftigungsgrades durch eine Lohnsenkung kann nicht die Rede sein. Es gibt wesentlich sicherere und wirksamere Mittel zur Herstellung eines befriedigenden Beschäftigungsniveaus als eine Lohnsenkung. Eine Kette von Lohnsenkungen hat ungünstige Wirkungen auf die Beschäftigung.

Auch für eine Lohnerhöhung gilt, daß ihre Gesamtwirkung von einer ganzen Anzahl von ausgelösten Tendenzen bestimmt wird. Die Bedingungen, vor allem das Verhalten der Unternehmer, sind hier normalerweise so beschaffen, daß mit keinem oder höchstens einem sehr bescheidenen Beschäftigungsrückgang zu rechnen ist. Mit einer Beschäftigungsausweitung durch Lohnerhöhung ist so gut wie nicht zu rechnen, als Mittel der Beschäftigungspolitik scheidet also die Lohnerhöhung aus. Eine Kette von Lohnerhöhungen würde zwar beschäftigungssteigernd wirken, zugleich aber Inflation bedeuten.

Bringt man die Beschäftigung mit geeigneteren Mitteln auf einen hohen Stand und hält sie auf diesem, so ergibt sich eine permanente Inflationsgefahr von gewissem Umfang, der man ohne direkte Kontrollen nur schwer begegnen kann. Nur wenn sich die Arbeitnehmer und Unternehmer freiwillig an ein gewisses Verhalten binden würden, könnte man ihrer ohne Zwang Herr werden. Am wichtigsten ist hierbei die Mäßigung der Arbeitnehmer bei ihren Lohnforderungen. Legen sich die Arbeitsmarktparteien keine Zügel auf, und wünscht man auch keine direkten Kontrollen, so dürfte ein gewisses Maß von Inflation unvermeidlich sein. Wenn dieses über eine bestimmte Grenze hinausgeht, so wird man sie wohl nicht mehr zulassen können.

Schlußwort Professor Haller

Zunächst darf ich meiner Freude darüber Ausdruck geben, daß meine Ausführungen eine so lebhafte Diskussion ausgelöst haben. Ich bin allen Diskussionsrednern zu Dank verpflichtet für ihre kritischen und ergänzenden Bemerkungen. Ich selbst bin mir durchaus klar darüber, daß mein Referat in mancher Beziehung ergänzungsbedürftig ist, daß die Annahmen vielfach zu einfach sind und so nur ein Ausschnitt der gesamten Problematik zur Sprache kam. Eine Schwäche sehe ich insbesondere darin, daß ich nicht oder nicht genügend unterschieden habe zwischen kurzfristigen und langfristigen Wirkungen von Lohnänderungen und dementsprechend nicht deutlich genug herausgearbeitet habe, welche Wirkungen nur vorübergehend auftreten und welche sich endgültig ergeben werden, oder anders ausgedrückt, was zu den dynamischen Übergangserscheinungen gehört und was zum neuen Gleichgewicht. Und so wäre noch manches zu erwähnen.

Hinsichtlich eines Punktes hat mich die Diskussion beruhigt. Ein Teil der Redner vertrat die Ansicht, ich habe zu vielerlei Komponenten berücksichtigt und zu zahlreiche Annahmen gemacht, ein anderer Teil war der Meinung, ich habe manche Dinge zu global behandelt und hätte weiter differenzieren müssen. Dies bestätigt mir, daß ich mit dem Grad der Differenzierung ungefähr das Richtige getroffen habe, eine gesunde Mitte zwischen zu großen Extremen.

Leider bin ich angesichts der vorgerückten Zeit nicht in der Lage, auf all die Punkte, die in der Diskussion berührt worden sind und zu denen ich etwas sagen möchte, im einzelnen einzugehen. Besonders gern würde ich auf den sehr interessanten Beitrag von Herrn Föhl ausführlicher zurückkommen; es würde dies aber zu viel Zeit erfordern. Ich glaube daher, daß es zweckmäßiger ist, wenn Herr Föhl und ich die Dinge bei anderer Gelegenheit durchdiskutieren oder die Diskussion schriftlich führen. Es ist hier manches zu klären und abzustimmen.

Auf zwei Punkte möchte ich jedoch zu sprechen kommen, die mehrfach kritisch hervorgehoben worden sind. Erstens wurde mir angekreidet, daß ich für den Fall der Lohnerhöhung ein elastisches Geldvolumen als mehr oder weniger selbstverständlich angenommen habe, während in Wirklichkeit hier durchaus eine starre Grenze gegeben sein könne, und zweitens wurde gesagt, ich hätte die Bedeutung des Substitutionseffekts bagatellisiert.

Zu Punkt 1 habe ich folgendes zu bemerken: Natürlich gibt es Situationen, in denen den Unternehmern, die höhere Löhne zu zahlen haben, keine zusätzlichen Geldmittel zur Verfügung gestellt werden. Wenn eine Politik der Kreditrestriktion betrieben wird, dann können die Unternehmer vom Bankensystem nichts erhalten. Solche Situationen sind aber selten und werden wohl kaum durch die Lohnerhöhungen herbeigeführt sein. Wenn nun irgendeine Möglichkeit der Kreditinanspruchnahme besteht, so werden die Unternehmer immer Geld für Lohnzahlungen erhalten können. Dies ist sogar dann der Fall, wenn Kredite für diesen Zweck ausdrücklich untersagt sind. Die Banken sind ja nicht in der Lage, die Verwendung sämtlicher Kredite im einzelnen zu kontrollieren. Man wird eben einfach einen anderen Grund für die Kreditinanspruchnahme angeben. Selbst wenn gar keine Kredite in Anspruch genommen werden können, wird normalerweise noch ein gewisser Spielraum insofern bestehen, als man auf Gelder der Spekulationskasse zurückgreifen kann. Die Annahme, daß in der Regel zusätzliches Geld zur Bezahlung der höheren Löhne vorhanden ist oder beschafft werden kann, dürfte also keineswegs wirklichkeitsfremd sein.

Was nun den Punkt 2 anbelangt, so gebe ich zu, daß der Substitutionseffekt eine größere Bedeutung erlangen kann. Dies gilt aber m. E. auf lange Sicht und nicht kurzfristig — und ich hatte in erster Linie die kurzfristigen Wirkungen im Auge bei meiner Untersuchung. Ich muß hier Herrn Krelle recht geben, der auf diesen langfristigen Substitutionseffekt aufmerksam gemacht hat, und nicht Herrn Föhl, der nur eine vorübergehende Substitutionswirkung glaubt sehen zu können. Hierzu wäre natürlich noch viel zu sagen.

Ich habe Ihre Zeit nun aber schon wieder so lange in Anspruch genommen, daß es mir angebracht erscheint, hier abzubrechen. Ich darf mich nochmals für die zahlreichen Anregungen bedanken, die ich empfangen habe.

Nachschrift

(nicht in der Sitzung vorgetragen)

Unmittelbar nach der Sitzung ging mir vom Schwedischen Gewerkschaftsbund eine Schrift (Trade Unions and Full Employment, The Swedish Confederation of Trade Unions) zu, die so interessante Gedanken und Vorschläge zum Thema Lohn und Vollbeschäftigung enthält, daß es angebracht erscheint, nachträglich noch kurz darauf einzugehen.

In dieser Schrift werden zunächst vier Formen einer Wirtschaft mit Vollbeschäftigung, die durch wirtschaftspolitische Maßnahmen des Staates herbeigeführt ist, abgelehnt, und zwar (S. 80 ff.)

1. Vollbeschäftigung mit permanenter leichter Inflation,
2. Vollbeschäftigung mit (mittels Preis- usw. -kontrollen) „zurückgestauter Inflation“,
3. Vollbeschäftigung mit „zurückhaltender“ Lohnpolitik (Stillhalteabkommen),
4. Vollbeschäftigung mit staatlicher Lohnfestsetzung.

Die hauptsächlichen Begründungen lauten in Kürze:

Zu 1. Es kommt nicht nur zu Ungerechtigkeiten, sondern zu einer Stagnation der Produktivitätsentwicklung (S. 81 f.).

Zu 2. Administrative Kontrollen sind wohl vorübergehend anwendbar, aber nicht auf die Dauer. In diesem Falle führen sie zu Verzerrungen der Wirtschaftsstruktur oder, wenn sie sehr scharf gehandhabt werden, zu einer Gefährdung der Demokratie (S 84).

Zu 3. Die Stellung der Gewerkschaften würde untergraben, wenn sie nicht mehr diejenige Institution wären, die für möglichst hohe Löhne sorgt (S. 87).

Zu 4. Die Lohnbildung wäre zu starr, und wiederum würden die Gewerkschaften in ihrer Existenz bedroht (S. 88).

Da nun die Inflationstendenzen erkannt werden, die im Gefolge einer Vollbeschäftigungspolitik — vor allem auch in Zusammenhang mit der Lohnentwicklung — auftreten, die durch reichliche generelle Nachfragedosierung überall ein so großes Angebot von Arbeitsplätzen schafft, daß die Arbeitslosigkeit völlig verschwindet, da aber zur Unterbindung dieser Inflationstendenzen keine der eben aufgeführten Möglichkeiten in Frage kommen soll, wird der Vorschlag gemacht, die beschäftigungspolitischen (finanzwirtschaftlichen und monetären) Maßnahmen so zu dosieren, daß sich eine solche Inflationstendenz gar nicht bilden kann. Es darf also auf keinen Fall zur „Überbeschäftigung" kommen, ja nicht einmal zur „glatten" Vollbeschäftigung, vielmehr soll die Gesamtnachfrage so reguliert werden, daß an einzelnen Stellen der Wirtschaft mit ungünstiger partieller Konjunktur Arbeitslosigkeit bestehen bleibt oder sich evtl. bildet. Diese partielle Arbeitslosigkeit soll dann durch spezielle Maßnahmen behoben werden, wie z. B. besondere Staatsaufträge, Subventionen u. ä., weiter durch eine Erhöhung der Arbeitsmobilität (S. 92 f.), keinesfalls aber durch allgemeine Anhebung der Nachfrage. Dadurch sollen Übergewinne einzelner Branchen, die zu einem Auftrieb der Einzellöhne (wagedrift) führen, vermieden werden. In der Konstellation, die so geschaffen werden soll, braucht man von den Gewerkschaften keine unnatürliche Enthaltsamkeit mehr zu fordern.. Es können jetzt Lohnerhöhungen erfolgen im Umfang des Produktivitätszuwachses, ohne daß sich hieraus eine Lohn-Preis-Spirale ergibt. Voraussetzung dafür ist allerdings eine Lohnpolitik der Gewerkschaften, die vom Zentralverband kontrolliert und koordiniert wird (Lohnpolitik der Solidarität) und die nur wirksam betrieben werden kann, wenn zuvor die Lohnniveaus der einzelnen Branchen durch eine Art Arbeitsbewertung in eine gesunde Relation zueinander gebracht sind (S. 94 ff.).

Das Wesentliche des Vorschlages ist also, daß die staatliche Beschäftigungspolitik so betrieben wird, daß inflationistische Tendenzen und entsprechende Spannungen nicht auftreten können. Sie muß die Gesamtnachfrage, wenn man so sagen will, etwas unter dem „Vollbeschäftigungsniveau" halten und dann mit speziellen Einzelmaßnahmen noch ein bißchen nachhelfen. Hierzu ist nun zu sagen, daß man sicher auf diese Weise einen „drift" der Einzellöhne, der dann leicht zu einem Nachstoßen der Gewerkschaften in Form einer generellen Forderung auf Erhöhung der Tarife führt, weitgehend unterbinden kann, weil die Unternehmer keine so üppigen Gewinne mehr erzielen, daß sie die Löhne hochsteigern. Die Inflationsgefahr kann damit eingeschränkt werden. Ganz beseitigt wird sie aber dadurch nicht. Wie im Referat ausgeführt wurde, besteht selbst dann die Gefahr eines gewissen Preisauftriebs, wenn die Gewerkschaften ihre Löhne lediglich parallel zur Produktivitätssteigerung erhöhen wollen, einmal weil sich in einem gewissen Umfang ein Kampf um die Anteile an der Produktivitätssteigerung ergeben wird und zum zweiten infolge der verschiedenen Produktivitätsentwicklung in den einzelnen Branchen, allerdings immer nur unter der Voraussetzung, daß das Geldvolumen elastisch ist. Diese Voraussetzung wird auch bei „gemäßigter" Beschäftigungspolitik erfüllt sein. Weiter werden sich die Gewerkschaften nicht überall an die „Produktivitätsnorm" binden, da sie eben in einer sehr günstigen Position sind, wenn der Staat für ausreichende Beschäftigung sorgt. Die Inflationsgefahren werden also in einem gewissen Umfang bestehen bleiben, doch dürften sie bei dem von den Schwedischen Gewerkschaften vorgeschlagenen Typ der Vollbeschäftigungspolitik wesentlich geringer sein als bei unbekümmerter, allzureichlicher Nachfragedosierung. Die vorgebrachten Vorschläge und Argumente sind daher durchaus der Beachtung wert.

Diskussionsbeiträge

Dr. Dr. Carl *Föhl* (Ebingen)

Ich beglückwünsche Herrn Professor Haller zu der sorgfältigen Analyse der Auswirkungen einer Lohnänderung auf den Beschäftigungsgrad. Was eine solche Analyse so überaus schwierig macht, ist die große Zahl der wählbaren Annahmen. Wenn man nur, wie Professor Haller dies getan hat, die vier Modelle: reine Zwei-Klassen-Wirtschaft, Rentner und Selbständige, Staatshaushalt, Außenhandel jeweils für Lohnsenkung und Lohnerhöhung diskutiert, so sind dies schon acht verschiedene Analysen. Macht man in jedem Falle für das Verhalten der Unternehmer hinsichtlich ihrer Verbrauchsausgaben und der Investitionen jeweils nur die drei Annahmen: wachsend, gleichbleibend, fallend — so erhöht das die Zahl der zu behandelnden Fälle auf 48. Dabei ist dann immer noch die Frage offen, welches Ziel die Unternehmer anstreben, das heißt wie sie sich zwecks Erzielung eines möglichst hohen Gewinnes hinsichtlich des Beschäftigungsangebotes und der Preisstellung verhalten. Da in dieser Hinsicht scheinbar beliebig viele Annahmen gemacht werden können, wächst der Katalog der zu behandelnden Fälle ins Unbegrenzte. Zugleich kommt aber dadurch in die denknotwendigen Aussagen eine große Unsicherheit hinein, da sie alle an scheinbar willkürliche Annahmen hinsichtlich der Voraussetzungen geknüpft erscheinen.

Ich möchte versuchen, Ihnen nachzuweisen, daß das Verhalten der Unternehmer hinsichtlich Preisstellung und Beschäftigungsangebot nicht so willkürlich ist, wie meist angenommen wird, und daß infolgedessen das zu untersuchende Modell weniger Freiheitsgrade hat, so daß wir zu einfacher bestimmten Aussagen gelangen können. Das wird insbesondere dann der Fall sein, wenn wir uns beschränken auf die Frage, ob durch eine Lohnänderung ein anderer Beharrungszustand bedingt wird, das heißt, wenn wir alle diejenigen Reaktionen der Unternehmer und der Verbraucher aus der Betrachtung ausschalten, die nur auf der zeitlichen Veränderung von Daten oder auf der Erwartung solcher Änderungen beruhen und die infolgedessen zwar für den zeitlichen Verlauf des Übergangsprozesses zur neuen Beharrungslage, nicht aber für diese selbst von Bedeutung sind.

Keynes hat in seiner allgemeinen Theorie gezeigt, daß ein solcher Beharrungszustand bei Unterbeschäftigung durch die Bedingung der

Größengleichheit der einkommensabhängigen freiwilligen Ersparnisbildung und der zinsabhängigen beabsichtigten Investitionen bestimmt ist. Sie werden sich vielleicht erinnern, daß ich in meiner gleichzeitig entstandenen Arbeit „Geldschöpfung und Wirtschaftskreislauf" unabhängig von Keynes genau zu demselben Ergebnis gelangt bin. Ich habe damals darüber hinaus gezeigt, daß bei nach unten elastischem Lohn und marktbedingtem Zins diese „Beharrungslage" nicht endgültig ist, sondern „automatisch" in den Zustand der Vollbeschäftigung übergeführt wird, wie die klassische Theorie dies behauptet hat. Es ergibt sich aus unserer Themenstellung, daß wir von diesem Prozeß in der heutigen Diskussion absehen müssen.

Was nun die von uns zu wählenden Annahmen betreffend die Reaktion der Unternehmer auf eine Lohnänderung hinsichtlich ihrer Verbrauchsausgaben, ihrer Investitionen und ihrer Preispolitik anbetrifft, so hat Keynes sich bedauerlicherweise selbst die Möglichkeit genommen, die Bedeutung der Zusammenhänge zwischen diesen Größen für den Beharrungszustand zu untersuchen, da er den Unternehmergewinn so definiert hat, daß er im Beharrungszustand gleich Null ist. Ich habe das nicht getan, sondern den Unternehmergewinn so definiert, daß er die Differentialgewinne und die Monopolgewinne enthält. Damit ist er bei mir auch im Beharrungszustand als eine besondere Einkommenskategorie unterschieden vom Faktoreneinkommen, Lohn und Zins. Ich habe damit nicht nur den Anschluß an die Klassische Verteilungslehre gewonnen, sondern mir auch die Möglichkeit offen gehalten, hinsichtlich der Verwendung des Unternehmereinkommens und seines Einflusses auf Preispolitik und Beschäftigungsangebot Annahmen zu machen, die auch für den Beharrungszustand relevant sind.

Nun lag freilich meiner Darstellung im Jahre 1937 die Annahme zugrunde, daß die Kapazität der Verbrauchsgüterindustrie immer voll ausgenutzt wird und daß die Absatzpreise der Verbrauchsgüter sich aus der Division der an den Markt gelangenden Kaufkraft durch die erzeugte Gütermenge ergeben. Diese Annahmen waren wirklichkeitsfremd. Sie eliminierten das Problem der Preispolitik und der unbeabsichtigten Investition durch Lageraufstockung unabsetzbarer Gütermengen. In dieser Hinsicht glaube ich nun in letzter Zeit einen Schritt weitergekommen zu sein und diesen möchte ich Ihnen gerne vortragen, da er auch für das heute zur Diskussion stehende Problem von Bedeutung ist.

Ich bin ausgegangen von dem Ihnen allen bekannten (in Abb. 1 wiedergegebenen) Diagramm der Grenzkosten als Funktion der produzierten Gütermenge, das mit dem Ordinatenmaßstab Mk je Stück und dem Abszissenmaßstab Stück je Jahr zunächst für eine bestimmte

Güterart gilt. Dieses Diagramm habe ich in zweifacher Hinsicht umgeformt. Ich habe es zunächst auf die gesamte industrielle Güterproduktion bezogen, indem ich mir die verschiedenen Güterkategorien mit ihrem Tauschwert, also mit ihren Absatzpreisen bei einem bestimmten Preisspiegel (bzw. 1938) summiert denke. Ich erhalte dann als Abszisse die Gesamtproduktion mit dem Maßstab Mk je Jahr und als Ordinate die Kosten je Produktionseinheit (bzw. je 1000 Mk Absatzwert beim Preisspiegel 1938) mit dem Maßstab Mk je Mk. Ich habe ferner aus den Stückkosten bzw. nunmehr aus den Kosten je Produktionseinheit die Fremdkosten herausgenommen, so daß die Ordinaten nur noch Abschreibungen, Zins und Lohn, also Abschreibungen und Faktorenkosten enthalten. Entsprechend stellen dann die horizontalen Geraden, die im ursprünglichen Diagramm die Stückpreise angaben, jetzt den added value je Produktionseinheit dar.

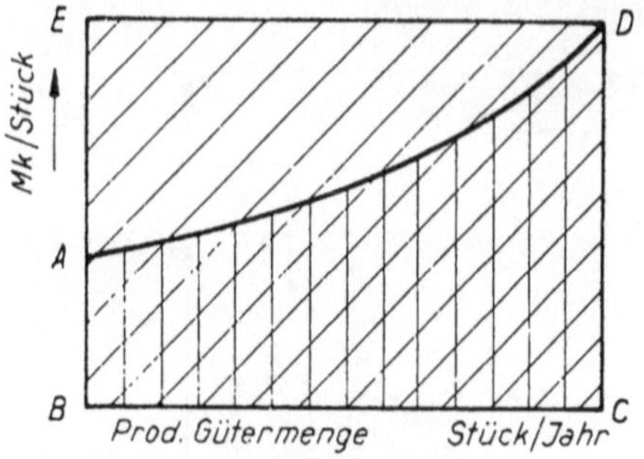

Abbildung 1

Nunmehr habe ich über der gleichen Abszisse die integrierten Werte der Kosten je Produktionseinheit und des bei jedem Abszissenwert zur Deckung der Grenzkosten erforderlichen added value aufgetragen, so daß ich zwei Kurven erhalte. Im Integrationsdiagramm stellt also für jeden Abszissenwert die Ordinate der C-Kurve die im alten Diagramm unter der Stückkostenkurve liegende (senkrecht schraffierte) Fläche ABCD dar, während die Ordinate der oberen (mit $_eB$ bezeichneten) Kurve dem (schräg schraffierten) Rechteck EBCD entspricht. Der Ordinatenmaßstab des Integrationsdiagramms ist somit Mk/Mk x Mk/Jahr = Mk/Jahr. Die Ordinaten der beiden Kurven stellen die Gesamtkosten (ohne Fremdkosten) und die zur Deckung der Kosten des Grenzproduzenten erforderlichen Gesamterlöse (ohne Fremdkosten) dar. Wir wollen die letzteren als die erforderlichen Gesamt-Betriebserträge ($_eB$) bezeichnen.

Ich möchte darauf hinweisen, daß das Diagramm in dieser Form rein struktur-bedingt ist und in keiner Weise vom Verhalten der Wirtschaftssubjekte abhängt. Es kann durch Ermittlung der Kosten je Produktionseinheit in den vorhandenen Betrieben gemessen werden, so wie etwa die Siedekurve einer Flüssigkeit gemessen werden kann. Ein subjektiver Einfluß auf den Verlauf der Kurven ergibt sich nur dadurch, daß bei sinkenden Preisen nicht nur die Grenzproduzenten ihre Produktion stillegen, sondern auch die mit günstigeren Kosten arbeitenden Produzenten ihre Produktion in gewissem Umfang einschränken. Diesen Einfluß, der durch betriebswirtschaftliche Überlegungen

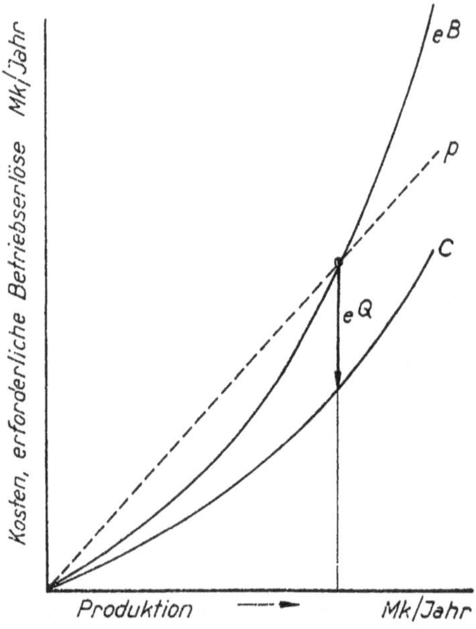

Abbildung 2

einigermaßen objektiviert und dann berücksichtigt werden kann, will ich hier nur am Rande erwähnen.

Mit Hilfe dieses Strukturdiagrammes lassen sich nun schon einige bemerkenswerte Feststellungen treffen.

1. Der vertikale Abstand zwischen der $_eB$-Kurve der erforderlichen Betriebserträge und der C-Kurve der bei einer dem Abszissenwert entsprechenden Produktion entstehenden Kosten stellt den Unternehmergewinn dar. Ein Unternehmergewinn dieser Größe ist also erforderlich, damit der Grenzproduzent gerade noch seine Kosten decken kann. Ist der tatsächliche (resultierende) Gewinn kleiner, so schaltet der Grenzproduzent ab. Es wird also weniger produziert. Ist er größer, so nehmen auch die mit noch ungünstigeren Kosten arbeitenden Produzenten die Produktion auf. Zur Erhaltung einer bestimmten

Produktion und damit auch eines bestimmten Beschäftigungsgrades ist also eine ganz bestimmte Höhe der Summe der Differentialgewinne erforderlich, die man durch eine Manipulierung des Lohnes nicht beeinflussen kann. Es handelt sich um den gleichen Sachverhalt, welchen Joachim Rüstow bereits in seiner Theorie der Vollbeschäftigung in der Marktwirtschaft beschrieben hat.

2. Die Gerade, welche einen bestimmten Punkt der $_eB$-Kurve mit dem Nullpunkt des Diagramms verbindet, entspricht einer Horizontalen im ursprünglichen Diagramm. Sie ist der geometrische Ort der Betriebserträge, welche erzielt werden, wenn die Teilmengen der Produktion zu einem Preis abgesetzt werden, der gerade noch die Grenzkosten des Unternehmers deckt, dessen Erzeugung zur Erreichung der betreffenden Gesamtproduktion erforderlich ist. Man kann also durch den Nullpunkt des Diagramms ein Strahlenbündel legen, wobei jeder Strahl einem bestimmten Preisniveau entspricht. Der Parameter dieser Strahlen ist der Preisindex gegenüber dem bei der Wahl des Abszissenmaßstabes zugrunde gelegten Preisniveau.

Die Unternehmer haben also auch keine Möglichkeit der freien Wahl des Gleichgewichtspreises, da eine von den Grenzkosten abweichende Preisstellung Ausdehnung oder Kontraktion der Produktion hervorruft. Dies ist nur eine andere Art der Formulierung der Feststellung, die wir hinsichtlich einer Abweichung des Gewinnes vom erforderlichen Gewinn $_cQ$ getroffen haben.

3. Dem ursprünglichen Grenzkostendiagramm lag die Annahme einer bestimmten Lohn- und Zinshöhe zugrunde. Das gleiche ist demgemäß auch bei den Integralkurven der Fall. Werden die Annahmen betreffend Lohn und Zins geändert, so ändern sich auch die Ordinaten der Integralkurven. Beispielsweise wachsen sie bei Lohnerhöhung, während sie bei Lohnsenkung schrumpfen. Proportional zu den zugrunde gelegten Vergütungen für die Leistungen der Produktionsfaktoren verändern sich auch die Werte für den zur Erhaltung einer bestimmten Produktion erforderlichen Unternehmergewinn und für das entsprechende Gleichgewichtspreisniveau. Trägt man als Ordinaten die Realwerte der Kosten und Betriebserlöse auf, so erhält man ein Diagramm, das vom Nominalwert der Vergütungen für die Leistungen der Produktionsfaktoren (Lohn und Zins) unabhängig ist.

4. Bestimmte Zahlungssitten und entsprechende Kassenhaltungswünsche der Unternehmer und Produktionsfaktoren vorausgesetzt, ist bei gegebener Nominalhöhe der Vergütungen für die Leistungen der Produktionsfaktoren für jede Höhe der Produktion eine ganz bestimmte Geldmenge erforderlich. Weicht die der Wirtschaft zur Verfügung stehende Geldmenge von dieser erforderlichen Geldmenge ab, so sind

bei sich am Markt frei bildendem Zinsfuß Einwirkungen auf die Nominalhöhe der Faktorenvergütungen zu erwarten, durch welche die erforderliche Geldmenge der verfügbaren angepaßt wird. Wird dagegen bei elastischer Geldmenge der Zinsfuß konstant gehalten, so verändert sich die verfügbare Geldmenge, bis sie der erforderlichen gleich ist. Die Verfolgung dieser Vorgänge ist geldtheoretisch von besonderem Interesse.

Und endlich

5. Damit eine bestimmte Produktion erhalten bleibt, muß die gesamte ausgeübte Kaufkraft, das heißt die Summe der Verbrauchsausgaben der Produktionsfaktoren und der Unternehmer und die Ausgaben der Unternehmer für beabsichtigte Investitionen die bei dieser Höhe der Produktion erforderlichen gesamten Betriebserträge decken. Da der Strom der gesamten dem Absatzmarkt von Verbrauchs- und Investitionsgütern zufließenden Ausgaben sich in die Betriebserträge aller an der Produktion beteiligten Betriebe aufzweigt, dürfte jetzt deutlich werden, warum ich eingangs bei der Entwicklung des Diagramms die Fremdkosten, also die bei den einzelnen Unternehmungen nur durchlaufenden Käufe von Vorprodukten und -leistungen ausgeschaltet habe.

Soviel zur Erläuterung unserer beiden Strukturkurven. Und nun wollen wir den entscheidenden Schritt tun, indem wir versuchen, die an den Markt gelangende Kaufkraft, die Güternachfrage also, aus den Strukturkurven selbst abzuleiten und der $_eB$-Kurve der erforderlichen Betriebserlöse gegenüberzustellen. Wenn wir durch den Schnittpunkt der beiden Kurven, der Angebots- oder $_eB$-Kurve und der Nachfragekurve die Bedingungen des Gleichgewichtes, der Beharrungslage festgelegt haben, dann werden wir auch feststellen können, ob Lohnänderungen eine dauernde Veränderung des Beschäftigungsgrades bewirken können oder nicht.

Ziehen wir von den Gesamtkosten C die Abschreibungen A ab, die mit wachsender Ausnutzung der Kapazität ansteigend verlaufen werden, so verbleiben die Vergütungen für die Leistungen der Produktionsfaktoren, also Lohn und Zins, die zugleich das Einkommen E_f der Produktionsfaktoren darstellen

$$C - A = E_f.$$

(Vergleiche hierzu und zu den folgenden Operationen die Abb. 4.)

Setzen wir von diesen wieder nach der üblichen Sparfunktion (siehe Abb. 3 a) die Ersparnisbildung S_f der Produktionsfaktoren ab, die bei kleinem Einkommen negativ, bei großem positiv ist, so erhalten wir als Differenz die Verbrauchsausgaben V_f der Produktionsfaktoren

$$E_f - S_f = V_f.$$

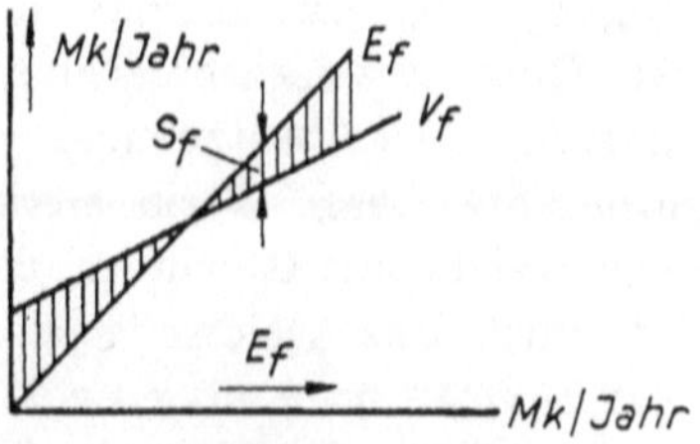

Abbildung 3a

Um auf die gesamten Verbrauchsausgaben zu kommen, sind die Verbrauchsausgaben V_u der Unternehmer hinzuzufügen. Diese sind eine Funktion der erwarteten Unternehmergewinne, die im Gleichgewichtszustand gleich dem erforderlichen Unternehmergewinn ${}_eQ$ sein müssen. Die Funktion (siehe Abb. 3 b) entspricht durchaus der Sparfunktion

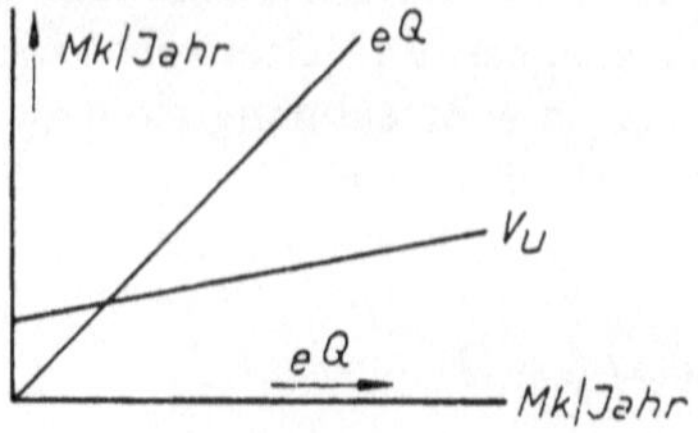

Abbildung 3b

der Faktoren, nur daß V_u eben vom erwarteten und nicht vom resultierenden Gewinn abhängt, was aber bei der Ermittlung des Gleichgewichtes keinen Unterschied macht. Wir zeichnen also:

$$V_f + V_u = V.$$

Nun fehlen uns noch die Investitionen. Zweifellos ist ihre Größe, abgesehen von den gegebenen technischen Möglichkeiten, die wir als strukturbedingt annehmen können, in hohem Maße abhängig von der Initiative der Unternehmer, das heißt von ihrer Veranlagung und von ihrer Stimmung. Aber das gilt ja auch für die Verbrauchs- bzw. Sparneigung der Produktionsfaktoren und der Unternehmer. Wir müssen diese Abhängigkeit als gegeben betrachten und dürfen dabei nur nicht vergessen, daß sie von außenwirtschaftlichen Faktoren stark beeinflußt werden.

Was nun die Abhängigkeit der beabsichtigt durchgeführten Investitionen von anderen wirtschaftlichen Größen anbelangt, so werden Sie sich erinnern, daß ich selbst früher die Investitionen als eine Funktion des erwarteten Unternehmergewinns und des Zinsfußes dargestellt habe. Auf Grund meiner eigenen praktischen Erfahrungen in Unternehmungen sind mir Zweifel gekommen, ob das berechtigt ist.

Bei Investitionsplanungen haben wir niemals den mit Hilfe der Investitionen erzielbaren Gewinn vorausberechnet. Wir sind vielmehr stets von einer Schätzung der Absatzmenge ausgegangen, die der Markt vermutlich aufnehmen kann. Darin steckt natürlich implizite auch eine Annahme des erzielbaren Gewinnes, wenn dieser auch nicht ausdrücklich errechnet wird. Das gleiche ist der Fall, wenn wir in unserem Diagramm die Investitionen als eine Funktion der Abszisse, also der Produktion darstellen, da ja auch $_{e}Q$ eine Funktion der Abszisse ist. Die Annahme, daß bei schlechtem Beschäftigungsgrad wenig, bei hohem Beschäftigungsgrad mehr investiert wird, erscheint um so einleuchtender, wenn man bedenkt, daß ja bei hoher Ausnutzung der vorhandenen Kapazitäten mehr Unternehmungen Differentialgewinne erhalten, und daß die Gewinne der einzelnen Unternehmungen größer sind, so daß die in dieser glücklichen Lage befindlichen Unternehmer hoffen dürfen, durch eine Erweiterung ihrer Kapazität ihren Absatz zu steigern und Grenzproduzenten vom Markt verdrängen zu können. Auf die Zinsabhängigkeit der Investitionen werde ich ein wenig später noch eingehen.

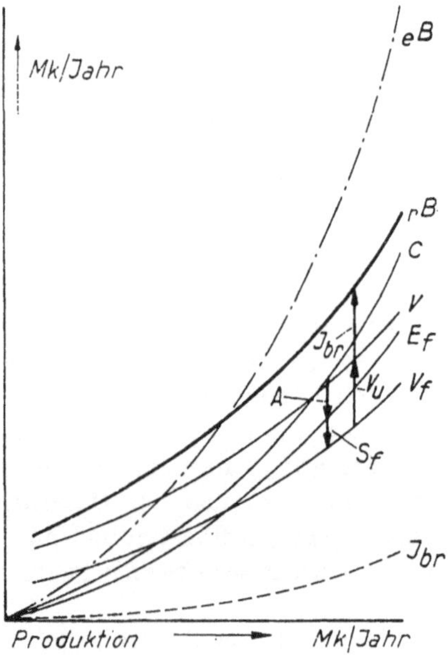

Abbildung 4

Nehmen wir für die Bruttoinvestitionen I_{br} eine Funktion von der Kapazitätsausnutzung an, wie dies durch die I-Kurve im unteren Teil der Abbildung 4 gezeigt ist, und fügen wir die Ordinaten dieser Funktion zu den gesamten Verbrauchsausgaben V hinzu, so erhalten wir die gesamten resultierenden Betriebserlöse ${}_{r}B$

$${}_{r}B = V + I_{br}.$$

Die ${}_{r}B$-Kurve verläuft flacher als die ${}_{e}B$-Kurve, so daß sich ein Schnittpunkt ergibt, in welchem die aus dem Verhalten von Unternehmern und Produktionsfaktoren resultierenden Betriebserlöse gleich den zur Erhaltung einer der Abszisse des Schnittpunktes entsprechenden Produktion erforderlichen Betriebserlösen sind.

Das Diagramm (siehe Abb. 4) hat, was die Definition eines Gleichgewichtswertes des Beschäftigungsgrades anbetrifft, eine gewisse Ähnlichkeit mit der Darstellung, durch welche Schneider (wie vor ihm Samuelson) veranschaulicht hat, was die Allgemeine Theorie Keynes auszusagen in der Lage ist (Einführung in die Wirtschaftstheorie III, Seite 104, Abb. 22). Unser Diagramm hat aber gegenüber der erwähnten Darstellung den Vorzug, daß in ihm die Unternehmergewinne explizit erscheinen. Das ist schon, wie wir sehen werden, bei komparativ-statischer Betrachtungsweise von Vorteil. Die Vorzüge unserer Darstellung werden aber erst bei der Behandlung dynamischer Probleme voll zur Geltung kommen.

So wie die erforderlichen Gewinne durch den vertikalen Abstand der ${}_{e}B$-Kurve von der C-Kurve dargestellt werden, so werden auch die resultierenden Gewinne ${}_{r}Q$ durch den vertikalen Abstand der ${}_{r}B$-Kurve von der C-Kurve aufgezeigt. Wenn also im Schnittpunkt der ${}_{r}B$ und der ${}_{e}B$-Kurven ${}_{r}B = {}_{e}B$ ist, dann ist zugleich auch ${}_{r}Q = {}_{e}Q$, das heißt der resultierende Gewinn ist dann gleich dem erforderlichen.

Da außerdem $${}_{e}B = E_{f} + A + {}_{e}Q$$
$$\text{und } {}_{r}B = E_{f} - S_{f} + V_{u} + J_{br}$$
$$\text{wobei } {}_{e}Q - V_{u} = S_{u} \text{ und } J_{br} - A = J_{n},$$

so ist auch, wenn

${}_{e}B = {}_{r}B$: $$J_{n} = S_{f} + S_{u} = S,$$

das heißt im Schnittpunkt ist die beabsichtigt durchgeführte Netto-Investition gleich der gesamten freiwilligen Ersparnisbildung von Produktionsfaktoren und Unternehmern.

Wird eine Produktion durchgeführt, die vom Abszissenwert des Schnittpunktes abweicht, so ist ${}_{r}B$ größer oder kleiner als ${}_{e}B$. Ist ${}_{r}B$ kleiner als ${}_{e}B$, so geht ein Teil der Erzeugnisse unabsetzbar auf Lager. Die Größe dieses Teils ist durch den Schnittpunkt der Horizontalen durch den betreffenden ${}_{r}B$-Wert mit dem Preisvektor gegeben, welcher durch den zu der verwirklichten Produktion gehörenden Punkt der ${}_{e}B$-Kurve geht. Der Wert der nicht abgesetzten Produktion, der dem Produkt von Menge und Preis, oder vom Abszissenwert und Preisindex entspricht, ist also durch den senkrechten Abstand der ${}_{e}B$- und der

$_r$B-Kurve gekennzeichnet. Er stellt die unbeabsichtige Investition dar. Bei jeder vom Schnittpunkt abweichenden Produktion ist die Summe der beabsichtigten und der unbeabsichtigten Investition gleich der gesamten Ersparnisbildung von Unternehmern und Produktionsfaktoren. Im Schnittpunkt selbst ist die unbeabsichtigte Investition gleich Null.

Die $_r$B-Kurve verläuft um so flacher, je größer bei kleinen Faktoreneinkommen das negative Sparen der Faktoren und je größer bei kleinen Gewinnen die Verbrauchsausgaben der Unternehmer sind. Der Schnittpunkt der $_r$B-Kurve mit der $_e$B-Kurve rückt um so weiter nach rechts, das heißt der Gleichgewichts-Beschäftigungsgrad ist um so größer, je höher die Kurve der resultierenden Betriebserlöse liegt. Alle Maßnahmen, die eine Steigerung des Beschäftigungsgrades von Dauer bezwecken, müssen also darauf abzielen, die $_r$B-Kurve relativ zur $_e$B-Kurve zu heben!

Der in der Literatur meist diskutierte Weg hierzu ist eine Steigerung der Investitionen. Diese kann erreicht werden durch eine Senkung des Zinssatzes. Man soll zwar den Einfluß des Zinsfußes auf die Investitionsplanungen der Unternehmer nicht überschätzen. Es läßt sich aber nicht bestreiten, daß er bei Investitionen für sehr kapitalintensive Vorhaben, wie sie etwa im Wohnungsbau, beim Bau von Kraftwerken und in der Grundstoffindustrie vorliegen, immerhin bedeutend ist. Nimmt man eine Reihe verschiedener Zinssätze an, so ergibt sich statt der J_{br}-Kurve in Abb. 4 eine Kurvenschar mit dem Parameter z, und zwar liegen die J_{br}-Kurven um so höher, je kleiner z ist. Dabei ist zu bemerken, daß eine solche Abhängigkeit der Investitionen von den verschiedenen Zinssätzen auch nicht für alle Zeiten gilt, sondern daß die Funktion zwischen J_{br} und z davon abhängt, welcher Zinssatz bisher geherrscht hat und welche Kombinationen von Kapital und Arbeit infolgedessen bisher rentabel waren und bereits durchgeführt wurden.

Entsprechend der Schar der J_{br}-Kurven erhalten wir auch (siehe Abb. 5) eine Kurvenschar für $_r$B mit dem Parameter z, und zwar liegt wiederum die $_r$B-Kurve um so höher und somit das Gleichgewicht bei einem um so höheren Beschäftigungsgrad, je kleiner z ist. Markieren wir auf der Abszisse denjenigen Wert der Produktion, bei dem das gesamte freiwillige Angebot an Arbeit für die Produktion eingesetzt wird, als den Punkt der Vollbeschäftigung, so wird die $_e$B-Kurve der erforderlichen Betriebserlöse bei diesem Abszissenwert von einer bestimmten $_r$B-Kurve aus der Schar der Kurven der resultierenden Betriebserlöse geschnitten. Den Parameter z dieser $_r$B-Kurve können wir im Sinne Wicksells als den „natürlichen Zins" Z_n bezeichnen. Ähnlich ergibt sich für jede Höhe des Beschäftigungsgrades ein Gleichgewichtszins Z_g, wie ich dies ähnlich auch bei meiner früheren Darstellungsweise in „Geldschöpfung und Wirtschaftskreislauf" gezeigt habe (vergleiche Abb. 5).

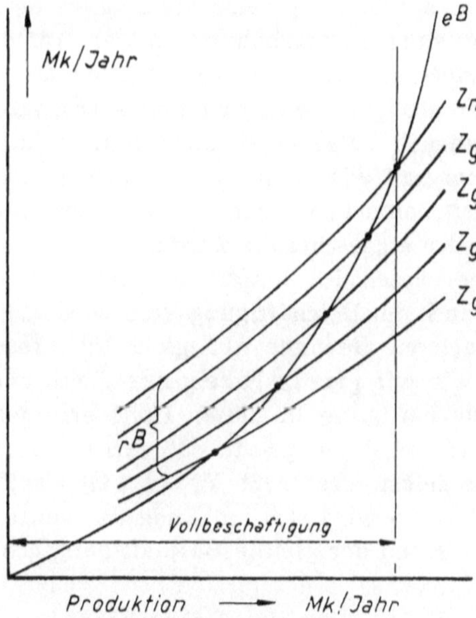

Abbildung 5

Meine Damen und Herren! Die vorbereitende Arbeit war etwas langwierig, da ich Ihnen zunächst die graphische Darstellung der Beziehungen entwickeln mußte. Dafür wird aber auch nun die Anwendung auf das uns heute beschäftigende Problem der Auswirkung von Lohnänderungen auf den Beschäftigungsgrad um so einfacher. Ich möchte die von Herrn Professor Haller behandelten Fälle in drei Gruppen zusammenfassen:

1. Verhalten der Unternehmer hinsichtlich ihrer Verbrauchsausgaben und Investitionen,
2. Rentner und Staatshaushalt,
3. Exportüberschuß oder -defizit.

Zunächst können wir feststellen, daß Lohnänderungen ceteris paribus die $_eB$-Kurve der erforderlichen Betriebserlöse und die $_rB$-Kurve der resultierenden Betriebserlöse im gleichen Sinne verändern, die erstere, weil die Kosten steigen oder fallen, die zweite, weil die nominellen Einkommen der Faktoren und der Nominalgewinn wachsen oder schrumpfen. Die Ordinaten beider Kurven werden sich bei Lohnänderungen verhältnisgleich verändern, so daß die Abszisse ihres Schnittpunktes gleich bleibt, wenn nicht angenommen wird, daß die Änderungen des Nominallohnes einen Einfluß auf die Verbrauchsneigung der Unternehmer und der Faktoren und auf die Investition haben.

Professor Haller hat beispielsweise als möglich bezeichnet, daß die Unternehmer bei einer Lohnerhöhung in der Annahme, die Erlöse würden unverändert bleiben, größere Gewinne als bisher erwarten und infolgedessen größere Verbrauchsausgaben tätigen. Das ist als vorübergehende Folge einer Lohnsenkung durchaus denkbar. Der Beschäftigungsgrad wird dann vorübergehend ansteigen. Es darf aber als sicher angenommen werden, daß die Verbrauchsausgaben der Unternehmer wieder eingeschränkt werden, wenn es sich herausstellt, daß die Gewinne wesentlich hinter den erwarteten zurückbleiben. Dann schrumpft auch der Beschäftigungsgrad wieder. Im Gleichgewicht können die erwarteten Gewinne nur gleich den resultierenden und diese ihrerseits, wie wir gezeigt haben, nur gleich den zur Aufrechterhaltung der Beschäftigung in dieser Höhe erforderlichen sein. Da aber nichts für die Annahme spricht, daß sich die Verbrauchsfunktion der Unternehmer selbst, das heißt $V_u = f\ ({}_cQ)$ als Folge der Lohnänderung verändert, so wird sich am Ende des vorübergehenden Anpassungsprozesses genau der gleiche Beschäftigungsgrad einstellen wie vorher.

In der gleichen Weise wird eine Lohnerhöhung eine nur vorübergehende Schrumpfung des Beschäftigungsgrades und schließlich Rückkehr zum alten Gleichgewicht bewirken. Lohnerhöhungen und Lohnsenkungen werden mit umgekehrten Vorzeichen die gleichen Erscheinungen hervorrufen. In dieser Hinsicht weichen also meine Schlußfolgerungen von denen des Herrn Professor Haller ab.

Bei den Investitionen kann infolge des Substitutionseffektes ebenfalls nur eine vorübergehende Wirkung eintreten. Es ist durchaus einleuchtend, daß die Unternehmer bei sinkenden Löhnen weniger investieren, weil es zunächst so aussieht, als ob das Sachkapital im Verhältnis zum Lohn teurer geworden sei. Da es sich aber um produzierte Produktionsmittel handelt, deren Kosten ebenfalls lohnabhängig sind, so wird der Substitutionseffekt nach kurzer Zeit verschwinden und die Investition ihre durch Zins und Kapazitätsausnutzung gegebene Größe wieder annehmen. Ebenso werden Mehreinstellungen von Arbeitnehmern, die auf Grund des Substitutionseffektes an Stelle von Investitionen vorgenommen wurden, wieder rückgängig gemacht werden, wenn der auf einem Irrtum beruhende Substitutionseffekt abgeklungen ist. Auch hier ist eine bleibende Wirkung auf den Beschäftigungsgrad nicht zu erwarten.

Wichtig ist, daß ein über das alte Gleichgewicht hinausgehobener Beschäftigungsgrad sich nicht etwa „von selbst" erhalten kann. Das wäre nur dann möglich, wenn die Verbrauchs- und Investitions f u n k - t i o n e n sich geändert hätten, was anzunehmen aber kein Anlaß besteht.

Was die R e n t n e r anbetrifft, so schlage ich vor, sie gemeinsam mit dem S t a a t s h a u s h a l t zu behandeln, da wir die Rentenleistungen ja auch durch Steuern oder steuerähnliche Abgaben finanzieren müssen. Ob bei einer Lohnänderung durch einen steigenden oder fallenden Anteil der Rentner und der vom Staat Besoldeten eine bleibende Wirkung auf den Beschäftigungsgrad ausgeübt wird, hängt davon ab, ob die Steuern und Abgaben vom Einkommen der Faktoren, als Kosten von den Unternehmungen selbst oder vom Unternehmergewinn erhoben werden. Im ersteren Falle tritt eine merkbare Wirkung auf den Beschäftigungsgrad nicht ein, weil bei unveränderter Lage der $_{e}B$-Kurve auch die $_{r}B$-Kurve kaum verändert wird, da es sich hier nur um eine Einkommensübertragung von den Produktionsfaktoren auf die Rentner und Staatsbesoldeten handelt, und da die letzteren sich hinsichtlich ihrer Konsum- und Sparneigung kaum wesentlich von den Produktionsfaktoren unterscheiden dürften. Werden die Abgaben von den Unternehmungen erhoben, so steigen die Grenzkosten, so daß die Ordinaten der $_{e}B$-Kurve wachsen. Da die erhobenen Beträge aber von den Empfängern zusätzlich zu den in diesem Falle ungeschmälerten Ausgaben der Produktionsfaktoren, abgesehen von den Ersparnissen, wieder ausgegeben werden, so steigt auch die $_{r}B$-Kurve entsprechend. Die resultierende Einwirkung auf den Gleichgewichts-Beschäftigungsgrad kann also hierbei nur sehr geringfügig sein.

Anders ist es, wenn die Abgaben vom Unternehmergewinn erhoben werden, wie dies durch die progressive Einkommensbesteuerung in hohem Maße geschieht. In diesem Falle bleibt die $_{e}B$-Kurve unverändert, während die $_{r}B$-Kurve durch den wieder verausgabten Betrag gehoben wird. Es tritt also eine sehr beträchtliche Verschiebung des Schnittpunktes nach rechts und damit eine Erhöhung des Beschäftigungsgrades ein. Schumacher und Kalecki hatten also doch recht, wenn sie die Besteuerung der hohen Einkommen als ein Mittel zur Erreichung hoher Beschäftigung empfahlen.

Sie werden sich erinnern, daß ich in einem im letzten Jahr im Finanzarchiv erschienenen Aufsatz die paradox klingende Behauptung aufgestellt habe, bei Besteuerung des Unternehmergewinnes würden die Gewinne um ebenso viel erhöht, wie man von ihnen wegsteuere. Abb. 6 zeigt, daß das zutreffend ist. Durch die Wiederverausgabung der erhobenen Steuermittel wird $_{r}B_1$ auf $_{r}B_2$ und damit $_{r}Q_1$ auf $_{r}Q_2$ gehoben. Zugleich aber verschiebt sich das Gleichgewicht von P_1

nach P_2, bei welcher Produktion ${}_rQ_{2\,\text{brutto}}$ gewissermaßen ehrlich verdient ist. Nach der Steuerzahlung verbleibt den Unternehmen der Gewinn ${}_rQ_{2\text{netto}}$, der durch den vertikalen Abstand zwischen ${}_rB_1$ und der C-Kurve gegeben ist.

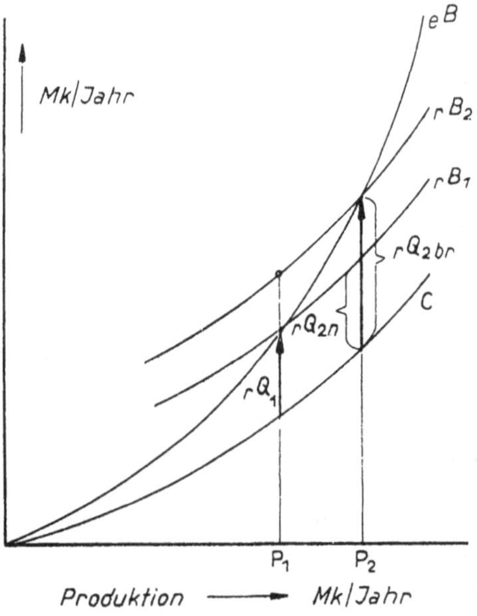

Abbildung 6

Was nun endlich den Export angeht, so ist zu beachten, daß die infolge von Lohnänderungen eintretenden Veränderungen der Preise, wenn sie nicht durch eine gegenläufige Veränderung der Wechselkurse kompensiert werden, einen Überschuß oder ein Defizit der Handels- und damit der Zahlungsbilanz bewirken. Soweit die Handelsbilanz ausgeglichen ist, ersetzen die ausländischen Zahlungen nur den Teil der inländischen Kaufkraft, der für die Einfuhr aufgewendet wird, so daß ein mehr oder weniger großer Umfang des Außenhandels für den Beschäftigungsgrad ohne Bedeutung ist. Ein Überschuß der Handelsbilanz bewirkt aber eine Vergrößerung der verfügbaren Geldmenge, wenn dem Exporteur der Gegenwert der Ausfuhr von der Notenbank in Inlandswährung zur Verfügung gestellt wird. Umgekehrt bedeutet ein Defizit der Handelsbilanz eine Verminderung der verfügbaren Geldmenge. Haben diese Änderungen der verfügbaren Geldmenge eine Zinsänderung zur Folge, so wird auf dem Wege über eine Änderung des Ausmaßes der Investitionen eine entsprechende Veränderung des Beschäftigungsgrades bewirkt.

Diese Erscheinung gibt mir Veranlassung, zum Schluß noch auf einen von Professor Haller nicht diskutierten Zusammenhang hinzuweisen. Eine Lohnänderung bedeutet bei einem bestimmten Beschäftigungsgrad, wie eingangs bereits erwähnt, eine Veränderung der erforderlichen Geldmenge. Ist die verfügbare Geldmenge starr, so reagiert der Zins. Beispielsweise wird bei Lohnsenkung Geldflüssigkeit eintreten, so daß der Zins sinkt. Bei tieferem Zins wird infolge größerer Investitionen eine höhere Beschäftigungslage erreicht. Ist der entstehende Geldüberschuß so groß, daß der Zins auf den natürlichen Zins Z_n sinkt, so wird Vollbeschäftigung erreicht. Ist er noch größer, so tritt durch Konkurrenz der Unternehmer um den letzten Arbeiter Lohn- und Preisinflation ein.

Umgekehrt wird bei einer Lohnerhöhung die erforderliche Geldmenge größer. Infolge der entstehenden Geldknappheit steigt der Zins, die Investitionen sinken, der Beschäftigungsgrad schrumpft, bis der bei höherem Lohn und kleinerer Beschäftigung vorliegende Geldbedarf der vorhandenen Geldmenge entspricht.

Ist dagegen die verfügbare Geldmenge elastisch und wird der Zins von der Notenbank manipuliert, so kommt alles darauf an, in welcher Höhe der Zins festgesetzt wird. Die durch Lohnänderungen entstehenden Veränderungen des Geldbedarfs haben dann keinen unmittelbaren Einfluß auf den Beschäftigungsgrad. Die oben beschriebenen Folgen treten aber dann auch bei elastischer Geldmenge ein, wenn die Notenbank sich bemüht, mit ihrer Diskontpolitik jeweils eine „marktkonforme" Höhe des Zinsfußes zu verwirklichen. Die Auswirkungen von Lohnänderungen auf den Beschäftigungsgrad hängen also in wesentlichem Maße von dem Verhalten des Banksystems ab.

Dr. Hanns-Joachim *Rüstow* (Göttingen)

Ich möchte an die Ausführungen Dr. Föhls anknüpfen; denn ich bin mit ihm der Überzeugung, daß sich aus dem von ihm dargestellten Grundproblem des wirtschaftlichen Gleichgewichts tatsächlich „einfache und bestimmte" Folgerungen für die von uns erörterte Frage ergeben.

Die von Dr. Föhl gezeichneten Diagramme veranschaulichen, daß, wenn die Grenzkosten der Produktion, d. h. die Produktionskosten der ungünstigsten Betriebe (bzw. Arbeitsplätze), deren Aufrechterhaltung für einen bestimmten Beschäftigungsgrad notwendig ist, gedeckt werden, alle übrigen Betriebe bei vollständiger Konkurrenz einen ihre Kosten übersteigenden Produktionserlös, also einen ihren geringeren Kosten je Produktionseinheit entsprechenden Differentialgewinn erzielen müssen. Dementsprechend liegt in den Föhlschen Diagrammen die Kurve der erforderlichen Betriebserlöse $_eB$ über der „Kostenkurve" C, denn der vertikale Abstand der $_eB$-Kurve von der C-Kurve gibt die für jeden Abszissenwert, und d. h. für jeden Beschäftigungsgrad, erforderliche Differentialgewinnsumme an. Ein bestimmter Beschäftigungsgrad kann also nur erreicht werden, wenn der tatsächlich entstehende Unternehmergewinn nicht hinter dem für diesen Beschäftigungsgrad erforderlichen Gewinn zurückbleibt. Daher muß auch die Kurve der tatsächlichen Betriebserlöse, die „Erlöskurve" $_rB$ über der Kostenkurve liegen. Ihr vertikaler Abstand von der C-Kurve gibt ja den tatsächlichen Gewinn an, der mit dem erforderlichen Gewinn übereinstimmen muß, um den betreffenden Beschäftigungsgrad zu ermöglichen. Die Erlöskurve kann jedoch nur dann über der Kostenkurve liegen, wenn die gesamte „ausgeübte Kaufkraft" größer ist als die Summe der Produktionskosten. Da nun aber die Produktionskosten um die Abschreibungen größer sind als die aus den Kosten entstehenden „Kosteneinkommen" der Produktionsfaktoren, und da diese außerdem bei einem nicht allzu weit hinter Vollbeschäftigung zurückbleibenden Beschäftigungsgrad nicht ihr gesamtes Einkommen verbrauchen; da ferner der Unternehmerverbrauch zu gering ist, um die Ersparnis der Produktionsfaktoren auch nur zu kompensieren, so ist ein entsprechend hohes Ausmaß der Investition erforderlich, um die Erlöskuroe über die Kostenkurve zu heben. In dieser Hinsicht hat eine „unbeabsichtigte" Investition übrigens den gleichen Effekt wie die „beabsichtigte" Investition. Darin weiche ich also — mit anderen Schlußfolgerungen — von Herrn Föhls Auffassung ab. (Von zwei anderen weniger erheblichen Faktoren, die ebenfalls dazu beitragen können, die $_rB$-Kurve über die C-Kurve zu heben, soll, da sie in den Föhlschen Diagrammen nicht enthalten sind, zunächst abgesehen werden. Von ihnen wird später noch die Rede sein.)

Je größer der Überschuß der Investition und des Unternehmerverbrauchs über die Ersparnis aus Kosteneinkommen, desto größer der vertikale Abstand zwischen der Erlös- und Kostenkurve, desto größer der Unternehmergewinn und desto höher der Beschäftigungsgrad. Denn ein großer vertikaler Abstand zwischen der $_rB$- und C-Kurve bedeutet, daß relativ hohe Grenzkosten noch gedeckt werden, daß verhältnismäßig ungünstige und unrationelle Betriebe und Arbeitsplätze durchgehalten oder wieder in Betrieb genommen werden können — und umgekehrt. Vollbeschäftigung ist mithin nur bei einem entsprechend hohen Überschuß des Unternehmerverbrauchs und der Investition über die Ersparnis aus Kosteneinkommen möglich. Dieser Überschuß muß zur Erreichung von Vollbeschäftigung so hoch sein, daß der tatsächlich entstehende Gewinn der Unternehmerschaft — der „Wirkliche Gewinn" in der Terminologie meiner „Theorie der Vollbeschäftigung" — (vertikaler Abstand der $_{r}B$-Kurve von der C-Kurve) die Höhe der zur Grenzkostendeckung bei Vollbeschäftigung erforderlichen Differentialgewinnsumme — „virtueller Differentialgewinn" in meiner Terminologie — (vertikaler Abstand der $_{e}B$-Kurve von der C-Kurve) erreicht. Jede Verminderung dieses Unternehmergewinnes durch allgemeine Kostensteigerung ohne kompensierende Preissteigerung würde einen Rückgang des Beschäftigungsgrades zur Folge haben.

Für unsere Frage des Zusammenhanges zwischen Lohnhöhe und Beschäftigung ergibt sich daraus folgendes:

Da der Lohn zugleich Kosten- und Kaufkraftelement ist, eine Steigerung oder Senkung des Lohnniveaus sich also nicht nur auf die Produktionskosten, sondern auch auf den Produktionserlös auswirkt, kann der unmittelbare Einfluß einer Lohnänderung auf den Beschäftigungsgrad nur geringfügig sein. Infolge gewisser Kostenverschiebungen zwischen kapital- und lohnintensiven Betrieben brauchen sich die Ordinaten der Kurven C, $_{e}B$ und $_{r}B$ zwar nicht ganz verhältnisgleich zu verändern; diese Veränderung wird aber annähernd proportional erfolgen. Die Lohnhöhe übt an sich also kaum einen Einfluß auf das Verhältnis zwischen dem tatsächlichen und dem für einen bestimmten Beschäftigungsgrad erforderlichen Gewinn aus. Sie ist insofern — wenn man von ihrem Einfluß auf die Außenhandelsbilanz absieht und mit der eben angedeuteten unerheblichen Einschränkung — beschäftigungspolitisch indifferent, wie das Herr Föhl schon feststellte. Nur wenn im Gefolge einer Lohnänderung eine der Vergrößerung ihres Abstandes von der Abszisse nicht entsprechende Verschiebung der drei Kurven C, $_{e}B$ und $_{r}B$ gegeneinander in größerem Ausmaße eintritt, ist damit eine ins Gewicht fallende Steigerung oder Minderung des Beschäftigungsgrades verbunden. Das aber ist nur dann der Fall, wenn die Lohnänderung eine Erhöhung oder Verminderung der Investition zur Folge hat. (Daß eine Lohnänderung den Unternehmerverbrauch auf die Dauer nicht verändert, hat Dr. Föhl bereits dargestellt). Die Frage des Einflusses einer Lohnerhöhung auf den Beschäftigungsgrad läuft letzten Endes also auf die Frage hinaus, ob Lohnänderungen das Ausmaß der Investition verändern.

Um diese Frage beantworten zu können, muß man sich vor Augen halten, daß sowohl Veränderungen der Lohnhöhe wie Veränderungen der Investition das Preisniveau beeinflussen. Ist die Kreditpolitik der Zentralbank an bestimmte Deckungsvorschriften gebunden oder darauf abgestellt, das Preisniveau stabil bzw. in Einklang mit der Preisentwicklung des Auslandes zu halten, so sind im Hinblick darauf unter Umständen Lohnsteigerungen über ein gewisses Maß hinaus unvereinbar mit der für Vollbeschäftigung erforderlichen Höhe der Investition. D. h. es kann sein, daß eine Erhöhung der Löhne und eine Aufrechterhaltung bzw. Steigerung der Investition nicht gleichzeitig, sondern nur alternativ möglich ist. In diesem Falle würde eine Lohnerhöhung die Steigerung oder Aufrechterhaltung der Investition (die u. U. für Vollbeschäftigung oder für eine Erhöhung des Beschäftigungsgrades erforderlich ist) dadurch unmöglich machen, daß die Zentralbank in Rücksicht auf das Preisniveau zu einer Krediteinschränkung und Drosselung der Investitionstätigkeit gezwungen ist. Ferner ist zu berücksichtigen, daß eine etwaige Verschlechterung der Handelsbilanz durch Lohnerhöhungen sich auf die Lage der $_rB$- und C-Kurve zueinander im gleichen Sinne auswirkt wie eine Minderung der Investition, während eine Verbesserung der Handelsbilanz den gleichen Einfluß wie eine Steigerung der Investition hat.

Wenn die Stabilerhaltung des Preisniveaus das Ziel der Zentralbankpolitik bildet, wird eine laufende Erhöhung des Lohnniveaus, die das Ausmaß der durchschnittlichen Produktivitätsentwicklung nicht übersteigt, im allgemeinen mit dem für Vollbeschäftigung erforderlichen Umfang der Investition vereinbar sein. Es wird also nur darauf ankommen, eine Hypertrophie der Lohnentwicklung zu verhindern. Im Falle einer vorangegangenen Übersteigerung der Löhne kann es allerdings möglich sein, daß erst eine Lohnsenkung den für eine Investitionssteigerung notwendigen Spielraum schafft. Aber auch in diesem Falle wäre eine Lohn*stagnation* und eine entsprechend langsamere Kreditausweitung zugunsten der Investition (oder zugunsten erhöhter Staatsausgaben, die die gleiche Wirkung auf die Preiskostenrelation ausüben können wie private Investitionen) einer Lohn*senkung* vorzuziehen. Denn jede Lohnsenkung ist mit der Gefahr eines depressiv wirkenden Preisrückganges verbunden. Es ist infolgedessen möglich, daß der durch eine Lohnsenkung gewonnene Spielraum für eine Kreditausweitung gar nicht zugunsten zusätzlicher Investitionen ausgenutzt wird, daß die depressive Wirkung der Lohnsenkung vielmehr eine Einschränkung der Investitionstätigkeit zur Folge hat. Der Hinweis Professor Hallers, daß die Unternehmer im Falle einer Lohnsenkung Mittel für Investitionen „über haben", berechtigt meiner Meinung nach nicht zu den Schlußfolgerungen, die Herr Haller daraus zieht. Der Minderbedarf an Lohnmitteln bedeutet im allgemeinen nichts anderes, als daß die Unternehmer in Zukunft Bargeldkredite für Lohnzahlungen in geringerem Umfange in Anspruch nehmen müssen. Aber auch in den Fällen, in denen es sich bei den

Lohngeldern um Eigenmittel handelt, besagt die Verfügungsmöglichkeit über solche Mittel nicht, daß man sie für Investitionszwecke verwendet; denn die Verwendung von Eigenmitteln wird bei richtiger Kalkulation genau so wie die Inanspruchnahme von Kreditmitteln durch Rentabilitätsberechnungen, -schätzungen und -erwartungen bestimmt.

Aus allen diesen Gründen sollten Lohnsenkungen nach Möglichkeit ebenso vermieden werden wie übersteigerte Lohnerhöhungen. Krisen und Depressionen sollten, soweit das in Rücksicht auf das Preisniveau irgend möglich ist, durch Kreditexpansion und Steigerung der privaten Investitionstätigkeit — bzw. der Staatsausgaben — bei stagnierendem oder langsam steigendem Lohnniveau überwunden werden.

Der These von Schumacher und Kalecki, daß die Besteuerung der hohen Einkommen ein Mittel zur Erreichung hoher Beschäftigung sei, kann ich nicht zustimmen. Denn wenn den zusätzlichen, mit Gewinnsteuern finanzierten Ausgaben des Staates keine preis- und währungspolitischen Bedenken entgegenstehen, würde die Zentralbank ihre Aufgabe und Pflicht versäumen, wenn sie diesen Spielraum nicht schon durch eine entsprechende Kreditpolitik zugunsten der Investition (oder zugunsten erhöhter Staatsausgaben) ausnutzte. Man muß also normalerweise damit rechnen, daß solche Gewinnsteuern auf Kosten der Investition gehen, die in Rücksicht auf das Preisniveau von der Zentralbank um so stärker gedrosselt werden muß, je höher die Gewinnsteuern sind. In einer Depression aber, in der die kreditpolitischen Mittel der Zentralbank für die notwendige und an sich mögliche Steigerung der Investition nicht ausreichen, ist eine Steuererhöhung ein bedenkliches Mittel — ein zweischneidiges Schwert.

Dozent Dr. Herbert *Giersch* (Münster i. W.)

Ich möchte die bisherige Diskussion nur durch zwei Bemerkungen ergänzen:

1. Herr Prof. Haller hat zwischen dem Substitutionseffekt und dem Einkommenseffekt einer Lohnänderung unterschieden. Wenn der Substitutionseffekt nicht vernachlässigbar ist und wenn im Falle einer Lohnerhöhung zu kapitalintensiveren Produktionsmethoden übergegangen wird, so sind hierfür u. U. Investitionen erforderlich, die einen Einkommenseffekt haben. Die Trennung von Substitutionseffekt und Einkommenseffekt, die sich für die Analyse zunächst als zweckmäßig erweist, muß daher in der Synthese wieder aufgegeben werden.

2. Der Einfluß der Lohnänderung auf die Investitionsneigung erscheint mir überhaupt als das Kernproblem. Bei seiner Analyse wird

man nicht umhin können, den Einfluß der Lohnänderung auf die Erwartungen der Unternehmer in Betracht zu ziehen und dabei zwei eng miteinander verknüpfte Faktoren zu berücksichtigen:

a) die allgemeine sozialpsychologische Situation (d. h. den Grad des herrschenden Optimismus oder Pessimismus) und ihre Stabilität, und

b) den Einfluß der herrschenden Lohnideologien.

Zu diesem ideologischen Faktor nur eine erläuternde Bemerkung: Wenn sich die Unternehmer in der lohnpolitischen Diskussion vor und während einer Lohnerhöhung in starkem Maße von der „Kaufkraft-Theorie" der Gewerkschaften beeindrucken lassen, so werden sie vermutlich den Einkommenseffekt der Lohnerhöhung in größerem Umfange antizipieren, als wenn sie in erster Linie oder ausschließlich unter dem Einfluß überkommener unternehmerischer Ideologien stehen, die den Kosteneffekt der Lohnerhöhung in den Vordergrund stellen und den Einkommenseffekt vernachlässigen.

Prof. Dr. W. A. *Jöhr* (St. Gallen)

Ich möchte anknüpfen an ein Wort von *Goethe,* das in der gestrigen Diskussion zitiert wurde: „Es verdrießt die Leute, daß die Wahrheit so einfach ist." Im Hinblick auf das heutige Thema ließe sich allerdings das Gegenteil sagen. Es verdrießt sowohl die Interessenvertreter, welche gerne eine eindeutige Antwort nach Hause tragen möchten, wie die Diskussionsredner, welche sich heute äußern müssen, daß die Wahrheit in dieser Frage so kompliziert ist. Das ausgezeichnete Referat von Prof. *Haller* hat dies überaus deutlich gezeigt.

Bevor ich mich zum Referat von Kollegen *Haller* äußere, möchte ich mit zwei Worten auf das eintreten, was von den beiden Vorrednern ausgeführt wurde. Es hat mich gefreut, daß Prof. *Haberler,* der sich diesen Sommer in St. Gallen recht kritisch über die *Keynes*sche Nationalökonomie geäußert hat, heute seine Überlegungen in den Rahmen des *Keynes*schen Systems gestellt hat, wenngleich ich den Eindruck gewonnen habe, daß seine Ableitung zwar theoretisch interessant ist, jedoch auf die Wirklichkeit nicht übertragen werden kann. Auch Dr. *Föhl* hat uns ein sehr interessantes Modell entwickelt, mit dem sich zweifellos u. a. die Frage der Auswirkungen einer Lohnveränderung studieren läßt. Doch darf man bei der von ihm entwickelten statischen Analyse nicht stehen bleiben, sondern muß zur Sequenzanalyse übergehen, was z. B. dadurch geschehen könnte, daß man verschiedene Kurvenbilder nebeneinander stellt, wobei jedes Bild eine gewisse Periode verkörpern würde und die Ergebnisse der Konstellation eines

Bildes die Lage einzelner Kurven des nächstfolgendes Bildes bestimmen würden.

Bei der Stellungnahme zum Referat von Prof. *Haller* möchte ich von einer Vorfrage ausgehen. Es wird nämlich aus dem Referat nicht ganz klar, in welcher Weise die Lohnveränderung, deren Auswirkung studiert wird, zustande kommt. In dem ökonomischen System, das der Untersuchung zugrunde liegt, hat der Lohn doch zweifellos den Charakter einer abhängigen Variablen. Würde der Lohn die Stellung eines wirtschaftspolitisch gesetzten Datums haben, so würde ein nicht-konformer Eingriff vorliegen; es wäre aber sicher unzweckmäßig, dies in unserem Ausgangsmodell vorauszusetzen. (Zwischenbemerkung von Prof. *Haller:* Im dritten Teil meiner Arbeit wurde bemerkt, daß die Lohnveränderungen von den Parteien des Arbeitsmarktes vereinbart werden.) Gewiß, aber auch dann müßten sie, falls sie nicht eine Verschiebung innerhalb der Zone der Indeterminiertheit darstellen, das Ergebnis einer Veränderung der Angebotskurve, der Nachfragekurve oder beider Kurven sein. Eine solche Veränderung müßte jedoch erklärt werden, wobei die Veränderung der Nachfragekurve auch auf monetäre Einflüsse zurückgehen könnte.

Um die Frage der Auswirkungen von Lohnänderungen zu studieren, schiene es mir zweckmäßig zu sein, wenn man vom Modell der vollkommenen Konkurrenz ausginge, zu dessen Voraussetzungen u. a. die völlige Markttransparenz und ein Zeitbedarf der Anpassung vom Werte null gehören würden. Unter diesen Voraussetzungen würde sich bei einer Lohnsenkung, die das Ergebnis einer Senkung der Ansprüche der Arbeiterschaft darstellt, der Substitutionseffekt einstellen und zu einer entsprechenden Ausdehnung der Investition führen. Zwar würde das nominelle Gesamteinkommen sinken; da jedoch die Anpassungsgeschwindigkeit unendlich ist, würde sich der Konsum in dem Ausmaß reduzieren, wie die Investition gewinnt: eine Veränderung des Beschäftigungsgrades träte nicht ein.

Wählen wir nun Voraussetzungen, die der Wirklichkeit angenähert sind, so ergibt sich, wie in dem Referat von Prof. *Haller* dargelegt ist, eine Reihe von Auswirkungen, die für den Beschäftigungsgrad bedeutsam sind:

1. Der Substitutionseffekt, der m. E. von Prof. *Haller* zu unrecht als praktisch ohne Bedeutung außer Betracht gelassen wurde.
2. Der Effekt der Verschiebung der Kostenkurve im Vergleich zu den Preisen, dem wegen seiner Auswirkung auf die Gewinne und die Gewinnerwartungen zentrale Bedeutung zukommt.

3. Der Einkommenseffekt; hier liegt die Komplikation vor, daß die Richtung dieses Effektes von der Elastizität der Nachfragekurve nach Arbeit abhängt. Eine Lohnsenkung wirkt im Sinne einer Vergrößerung des Gesamteinkommens, falls die Elastizität größer als 1 ist und im Sinne einer Verkleinerung des Gesamteinkommens, falls sie kleiner als 1 ist. Der Verlauf dieser Nachfragekurve hängt aber nicht nur ab von den Bedingungen, unter denen die Unternehmung produziert und verkauft, sondern auch von der Möglichkeit, für eine Expansion der Produktionsmenge Bankkredite in Anspruch zu nehmen. Maßgebend ist also auch die Elastizität der Geldversorgung. Nun bestehen aber im konkreten Fall nur wenig Anhaltspunkte, um beurteilen zu können, in welchem Sinne sich der Einkommenseffekt tatsächlich geltend macht.
4. Der Pigou-Effekt; damit dieser in Aktion treten kann, ist natürlich erforderlich, daß, dank der Konkurrenz der Unternehmungen, die Lohnsenkung sich in einer Preissenkung ausgewirkt hat.
5. Der Zinseffekt, der von einer Lohn- und nachfolgenden Preissenkung ausgeht, ist sehr ungewiß: einmal, weil es fraglich ist, ob die Erhöhung der realen Kasse in dem hier zu erwartenden Ausmaß effektiv zu einer Zinssenkung führt, zweitens weil die Wirkung einer Zinssenkung auf die Investition gerade in Zustand der Unterbeschäftigung, der hier vorausgesetzt wird, unsicher ist. In dieser Hinsicht hat mich auch die „Zinsgläubigkeit“ von Dr. *Föhl* sehr überrascht.
6. Der Effekt von Erwartungen; Prof. *Haller* war sicher richtig beraten, als er die Erwartung der Wirtschaftssubjekte, daß Lohn- und Preisveränderungen zu weiteren Veränderungen dieser Größen im gleichen Sinne führen, zunächst außer Betracht gelassen hat. Doch ist es unerläßlich, diese nachträglich einzuführen.

Auch wenn wir von der Wirkung der Erwartungen vorläufig noch absehen, so zeigt sich, daß gegensätzliche Effekte bestehen, deren Resultante schwer abzuschätzen ist. Dazu kommt, daß die Richtung des Einkommenseffektes überdies ungewiß ist.

Eine weitere sehr wichtige Frage ist das Problem des Zeitbedarfes der Effekte, das Prof. *Haller* in seiner Arbeit als sehr verwickelt bezeichnet hat. Gerade diese Frage scheint mir in diesem Zusammenhang von größter Bedeutung zu sein. Versuchen wir die Auswirkungszeit der einzelnen Effekte in ihrer Größenordnung abzuschätzen, so müßten wir uns eigentlich Rechenschaft geben können, wie lange es geht, bis die Konkurrenz — eine bestimmte Elastizität der Geldversorgung vorausgesetzt — die Preise dem neuen Niveau der Löhne angepaßt hat. Obwohl dieser „timelag" von Land zu Land verschieden ist und ich mich im Moment nicht auf entsprechende empirische Untersuchungen stützen könnte, möchte ich über die voraussichtliche Größenordnung des Zeitbedarfes der wichtigsten Effekte einige Angaben machen.

Den größten Zeitbedarf der Auswirkung weist zweifellos der Substitutionseffekt auf. Auch wenn in einzelnen Fällen die Ersetzung von Arbeitern durch maschinelle Anlagen sich sehr rasch vollzieht, so wird es doch in der Regel ein Jahr oder noch länger dauern, bis die sich aus der Lohnerhöhung ergebende Investition (oder die aus der Lohnsenkung resultierende Desinvestition) größere Ausmaße annimmt. Und erst nach Ablauf dieser Anpassung wird sich der dem neuen Verhältnis zwischen Lohn und Zins entsprechende Gleichgewichtszustand herausbilden — falls nicht inzwischen der Anlaß des Substititionseffektes durch Lohn-, Preis- oder Zinsverschiebungen verschwunden ist.

Auch der Pigou-Effekt kann sich erst dann geltend machen, wenn sich erstens die Preise bis zu einem gewissen Grade den veränderten Löhnen angepaßt haben, wenn zweitens die Konsumenten und Produzenten sich der Tatsache der veränderten realen Kassenhaltung bewußt geworden sind und wenn sie drittens daraus die Konsequenzen gezogen haben, was alles zusammen wohl auf Grund der bestehenden Elastizität der Geldversorgung bei Lohnerhöhung viele Monate dauern kann und sich auch bei Lohnsenkung kaum in kürzerer Zeit vollziehen wird.

Der Effekt der Verschiebung der Kostenkurve im Verhältnis zu den Preisen kann sich umgekehrt nur solange geltend machen, als die Preise sich nicht völlig den veränderten Löhnen angepaßt haben. Es wird wohl auch einige Monate dauern, bis die entsprechende Veränderung des Produktionsumfanges vorgenommen wird.

Beim Einkommenseffekt ist dagegen der Zeitbedarf der Auswirkung sehr viel kleiner. Schon nach wenigen Wochen macht sich eine durch Lohnänderung bewirkte Vergrößerung oder Verkleinerung der ausbezahlten Lohnsumme auf den Konsumgütermärkten bemerkbar.

Schließlich kann der Effekt elastischer Preis- und Lohnerwartungen in einer noch kürzeren Frist eintreten.

Es bedarf wohl keiner näheren Begründung, daß eine Voraussage über die Wirkung von Lohnänderungen nur bei Berücksichtigung dieser verschiedenen „timelags" gewonnen werden kann. Auch wenn man die Elastizität der Erwartungen nicht berücksichtigen müßte, so wäre es sehr schwierig, die Wirkung von Lohnänderungen vorauszusagen. Man müßte zunächst über die Elastizität der Nachfrage der Unternehmer nach Arbeit Bescheid wissen, und man müßte sodann die verschiedenen Effekte mit ihrem unterschiedlichen Zeitbedarf in einer Sequenzanalyse miteinander verflechten. Daß eine solche Analyse verschiedene Glieder der Kausalkette aufweisen würde, bei denen ungewisse Wirkungen vorliegen, kann wohl nicht zweifelhaft sein.

Führen wir elastische Preiserwartungen ein, so wird vor allem jener Effekt, der sich in der kürzesten Zeit auswirkt, nämlich der Einkommenseffekt, das weitere Geschehen bestimmen. So wäre es denkbar, daß bei einer Elastizität der Nachfrage nach Arbeit, die kleiner ist als 1, der Einkommenseffekt einer Lohnsenkung relativ rasch zu einer Preissenkung führen würde, die zur Erwartung weiterer Preissenkungen Anlaß gäbe und damit auch entsprechende Antizipationen auslösen würde. Das Ergebnis wäre dann doch erheblich anders, als wie es sich auf Grund der von Prof. *Haller* gewählten Voraussetzungen einstellen würde. So lange man aber die Elastizität dieser Nachfrage nicht mit Sicherheit beurteilen kann, bleibt man im Ungewissen, ob dieses Ergebnis auch wirklich eintritt.

Nun möchte ich, entgegen der Warnung des Vorsitzenden, doch noch einen Sprung von der Theorie zur Wirtschaftspolitik wagen. Ich glaube auch, daß das von Prof. *Schneider* zitierte Wort *Schumpeters* uns zu einem solchen Sprung verpflichtet. Ein wichtiges praktisches Ergebnis der Analyse des Problemes „Lohnhöhe und Beschäftigungsgrad" kann in folgendem Satz zusammengefaßt werden: Wenn wir eine Änderung der konjunkturellen Lage wünschen, so dürfen wir unsere Hoffnung nicht auf Lohnänderungen setzen. Dies ist aber auch gar nicht nötig, denn es bestehen ja genügend andere Mittel der Konjunkturpolitik, mit denen die Relation zwischen Preisen und Kosten so beeinflußt werden kann, daß eindeutige Wirkungen im gewünschten Sinne resultieren.

Und so kann ich am Schluß meiner Anfangsthese widersprechen. Vom wirtschaftspolitischen Gesichtspunkt aus ist im Bereiche dieses Problems die „Wahrheit" nicht kompliziert, sondern sehr einfach, was die einen verdrießen, die anderen aber freuen mag.

Dozent Dr. Wilhelm *Krelle* (Heidelberg)

Ich glaube, wir haben ein ganz hervorragendes Referat über das dornige und kaum oder unzureichend bearbeitete Problem des Einflusses allgemeiner Lohnveränderungen gehört — eine um so begrüßenswertere Anstrengung Prof. Hallers, als im deutschen Sprachbereich kaum neuere Arbeiten hierüber zu finden sind. Auf diesem

Hintergrund gestatten Sie mir einige Bemerkungen zum Referat und zu einigen Diskussionsbeiträgen.

Prof. Haller kommt zu dem Ergebnis, daß „normalerweise" eine allgemeine Geldlohnsenkung zu mehr Beschäftigung, eine Geldlohnsteigerung aber zu keiner Beschäftigungsänderung und wenn, dann höchstens zu einer sehr geringen Beschäftigungsminderung führt. Das ist sicher e i n e mögliche Lösung; aber ich würde doch zögern, dies Ergebnis ohne weiteres als d i e Lösung anzunehmen. Eine allgemeine Lohnbewegung löst so vielfältige, verschiedene und gegenläufige Tendenzen aus, daß man ohne q u a n t i t a t i v e Analyse, d. h. ohne die relative Stärke aller Einzeltendenzen zu kennen, kaum das Endergebnis voraussehen kann. Nehmen wie z. B. an, daß die Geldpolitik und die Konsum- und Investitionsfunktion im Inland so sind, daß eine Geldlohnerhöhung über das durch Produktivitätssteigerungen mögliche Maß hinaus auch eine Beschäftigungssteigerung auslösen würde. Die Außenhandelsverflechtung bringt aber eine Abnahme der Exporte und Zunahme der Importe als Folge des erhöhten Inlandpreisniveaus mit sich, was der Tendenz zur Beschäftigungssteigerung entgegenwirkt. Welcher Einfluß ist stärker? Das kann man a priori nicht sagen; es hängt von der Preis- und Einkommenselastizität der Exporte und Importe, der Wechselkurspolitik, dem Umfang der Auslandsabhängigkeit und der Stärke des beschäftigungssteigenden Effekts im Inland ab. Ich würde daher vorschlagen, die einzelnen Funktionen, die das Ergebnis der Analyse zustande bringen, quantitativ zu spezifizieren. Prof. Haller hat sie alle in seinem Referat behandelt. Man sollte wohl noch die Kapazitätsausnutzung als Variable hinzufügen. Denn Lohnerhöhungen bei unterbeschäftigtem Produktionsapparat wirken anders als bei überbeschäftigtem. —

Ebenso müßte man im statischen Zusammenhang für eine mehr langfristige Betrachtung den Substitutionseffekt berücksichtigen. Denn langfristig wird eine relative Kostenverschiebung von Lohn und Kapitalgütern zu bedeutenden Substitutionen führen. Prof. Jöhr hat bereits darauf hingewiesen. Allerdings wirkt dieser Effekt gerade in Richtung des Hallerschen Ergebnisses und verstärkt es nur. —

Dr. Föhl hat in seinem Diskussionsbeitrag einen sehr wertvollen Vorschlag für die Ausgestaltung der Lohntheorie gemacht. Allerdings fehlt gerade die wichtigste Abhängigkeit: nämlich wie sich Konsum- und Investitutionsfunktion mit dem Geldlohnsatz verändern. Das ist die crux des ganzen Problems. Wenn man das noch einfügen könnte, wären wir einen guten Schritt weiter.

Was die Kritik Prof. Haberlers angeht, daß Haller den Pigou-Effekt zu gering veranschlagt hat, so ist das, glaube ich, für das Hallersche Ergebnis von geringer Bedeutung. Eine Berücksichtigung des Pigou-

Effektes führt ebenso wie beim Substitutionseffekt zu einer Verstärkung des Hallerschen Ergebnisses: Lohnsenkungen führen zu noch mehr Beschäftigung und umgekehrt. —

Gestatten Sie mir zum Schluß einige kurze Bemerkungen, nach welcher Richtung ich mir einen Ausbau der Lohntheorie vorstelle. Die zentrale Frage einer statischen Lohntheorie ist: können die Realprofite auf die Dauer und im Durchschnitt durch Lohnbewegungen ohne Einfluß auf die Beschäftigung (d. h. das Sozialprodukt) gesenkt werden? Wenn ja, so könnten wir erwarten, daß im Zuge der Produktivitätssteigerungen durch den technischen Fortschritt die Realprofite zwar absolut zunehmen, aber relativ abnehmen. Die statische Lohntheorie ist letztlich eine Verteilungstheorie.

Zur Behandlung dieses Problems möchte ich eine zweistufige Lohntheorie für am aussichtsreichsten halten:

1. eine Theorie über den Geldlohnsatz, wo die institutionellen Faktoren (Gewerkschaften, Unternehmerverbände usw.) die Hauptrolle spielen würden. Von Dunlop, Clark Kerr u. a. sind gute Ansätze in dieser Richtung gemacht worden.
2. eine Theorie über die Wirkung von allgemeinen Geldlohnänderungen auf Preise und Beschäftigung. Hier ist das Hallersche Referat ein guter Schritt vorwärts, und wir können ihm nur dankbar dafür sein.

Dozent Dr. Karl *Brandt* (Mannheim)

Herr Haller hat in seinem Vortrag mit Entschiedenheit betont, daß eine Symmetrie in den Wirkungen einer Lohnerhöhung und Lohnsenkung nicht gegeben ist, jedenfalls nicht bestehen m u ß. In den Ausführungen von Herrn Föhl wurde gerade diese Aussage bestritten und darauf hingewiesen, daß eine Senkung der Löhne ohne weiteres zu einer genau umgekehrten Erscheinung wie eine Steigerung derselben führen würde, wobei diese Erklärungen für sich selbst wiederum beweiskräftig vorgetragen wurden. Es ist daher nochmals notwendig, beide Meinungen einander gegenüberzustellen und gegeneinander abzuwägen, beide treffen durchaus einen richtigen und zu akzeptierenden Sachverhalt und ein Kompromiß scheint mir gar nicht unmöglich. Mit Recht kam im Referat zum Ausdruck, daß verschiedene Wirkungsbereiche bezüglich durchgeführter Lohnänderungen festzustellen sind und daß wir die Expansions- und Kontraktionswirkung auf der einen Seite von dem Substitutionseffekt auf der andern Seite zu unterscheiden haben. Zwar hat Prof. Haller den Substitutionseffekt großenteils ausgeschlossen und nicht weiter verfolgt. Aber es wurde ja von einigen

Vorrednern schon betont, daß wir ihn nicht vernachlässigen dürfen, und ich stimme hier mit Herrn Giersch und Herrn Krelle durchaus überein. Gerade weil sowohl der Substitutionseffekt als auch der Expansions- oder Kontraktionseffekt zusammen wirksam werden können, ist ein automatischer Prozeß nicht zu erkennen, und die bestehenden Zusammenhänge werden komplizierter. Wir müssen daher die Expansion und Kontraktion von der Substitution getrennt behandeln. Sehen wir nur den Zusammenhang Lohnhöhe und Beschäftigung im Sinne der Expansion und Kontraktion des Beschäftigungsstandes, so scheint mir hier eine Symmetrie wahrscheinlich, Lohnsteigerungen führen zum umgekehrten Ergebnis wie Lohnsenkungen; die Ausführungen von Herrn Föhl haben hier ihre Berechtigung, wenngleich ich auch nicht so weit gehen und behaupten möchte, daß eine Lohnsenkung immer die gegenteilige Wirkung einer Lohnsteigerung auslösen müßte. Es mag besondere Bedingungen und Konstellationen geben, wo dieser Mechanismus durchbrochen wird. Betrachten wir aber den Substitutionseffekt, so kann hier überhaupt keine Symmetrie gefunden werden, oder nur eine so geringe, daß man sie sicherlich vernachlässigen darf. Denn bei einer Lohnsenkung kommt die Substitutionswirkung nicht zum Zuge, da die vorhandenen Produktionskapazitäten in Form industrieller Anlagen nicht einfach abgebaut werden können, um die Produktion arbeitsintensiver zu gestalten. Anders bei einer Lohnsteigerung, hier wird der Substitutionseffekt wirken, weil eine kapital- und damit anlagenintensivere Produktion jetzt vorteilhafter wird.

In diesem Zusammenhang sollten wir trotz aller — wenn auch sehr begrüßenswerten und notwendigen — neueren Überlegungen, die es ohne Zweifel überhaupt erst ermöglichen, die gesamtwirtschaftliche Problematik des Lohntheorems zufriedenstellend zu beurteilen, doch nicht übersehen, daß unsere bisherigen Modelle des Arbeitsmarktes dadurch nicht gänzlich unbrauchbar geworden sind. Wir verwenden im allgemeinen doch ein Modell, in welchem ein bilateral-monopolistisch ausgehandelter Lohn unterstellt wird, dem die kollektiven Marktparteien ihre Zustimmung gegeben haben. Damit ist gleichzeitig eine bestimmte Angebotsstruktur festgelegt, derart, daß zu diesem vereinbarten und daher gegebenen Lohnsatz die gewerkschaftlich organisierte Arbeiterschaft das ganze verfügbare Arbeitspotential anbietet. Die Angebotskurve verläuft also parallel zur Abszisse (= Mengenachse) und ist völlig elastisch bis zur Vollbeschäftigungsmenge, dort schlägt sie um und wird völlig starr. Wenn wir Bevölkerungsbewegungen und ähnliche exogen dynamische Veränderungen ausschließen, dann bedeutet eine Lohnsteigerung, daß sich der elastische Teil der Angebotskurve nach oben verschiebt. Die Nachfragekurve ist nun ihrerseits nicht fest gegeben, sondern in ihrer Lage abhängig von den Expansions- und Kontraktionswirkungen, d. h. je nachdem, welche Wirkungen die Lohnänderung auf die volkswirtschaftliche Gesamtnachfrage hat, je nachdem ob also die Gesamtnachfrage steigt oder sinkt, wird sich auch die Nachfrage nach Arbeit in gleicher Richtung bewegen. Nehmen wir vereinfachend an, daß die durch eine Lohnerhöhung bewirkte Veränderung der Gesamtnachfrage zu keiner Verschiebung der Nachfragekurve nach Arbeit führt. In diesem Falle wird eine Lohnsteigerung zu keiner nennenswerten Veränderung des Beschäftigungsstandes führen, da die Nachfrage nach Arbeit als sehr starr unterstellt werden muß. Anders aber im Substitutionsbereich, die Substitution ist überhaupt nur als langfristige Anpassung der Unternehmer denkbar, das bedeutet gleichzeitig, daß die Nachfrage nach Arbeit hinsichtlich dieser langfristigen Anpassung viel elastischer ist, es ergeben sich bei Lohnsteigerungen bestimmte Tendenzen der Realinvestitionssteigerung, und die Beschäftigung verringert sich. Der Expansions- und Kontraktionsprozeß wirkt alson in Richtung auf eine Verschiebung der Nachfragekurve nach Arbeit, der Substitutionsprozeß auf die Elastizität. Unter Einschluß der Überlegungen von Prof. Haller zeigt sich demnach, daß eine gewisse Kontinuität in der theoretischen Forschung durchaus vorhanden ist, daß wir zwar keine generellen Aussagen mehr machen können, daß aber gerade der Vortrag Hallers dazu beigetragen hat, die Aussagefähigkeit unseres Arbeitsmarktmodelles zu erweitern.

Professor Dr. Karl *Schiller* (Hamburg)

Ich will zum Schluß der Debatte nur ganz kurz zwei Gedanken äußern:

Herr Kollege Haller hat in seinem Referat sehr schön die Frage der Lohnveränderungen in einer vollbeschäftigten Wirtschaft erörtert. Ich muß hierzu zweierlei ergänzen:

a) Wir dürfen nicht von einem einzigen Modell der vollbeschäftigten Wirtschaft ausgehen. Nehmen wir etwa das Modell einer vollbeschäftigten Wirtschaft mit Gleichgewicht sowohl der Binnenwirtschaft wie der Außenwirtschaft, dann können selbstverständlich Lohnerhöhungen gefährlich werden, da sie das außenwirtschaftliche Gleichgewicht in Frage stellen. Wir können aber ebensogut ausgehen von dem Modell einer vollbeschäftigten Wirtschaft mit zahlungsbilanzmäßigem Ungleichgewicht. Wenn hierbei etwa der Ausgangsfall einer Überschußsituation gegeben ist, kann eine Lohnerhöhung sogar eine Bewegung der Zahlungsbilanz zum Gleichgewicht hin fördern. Es gibt also verschiedene Typen des Modells der vollbeschäftigten Wirtschaft. Und mein Appell geht an die Theorie, in Zukunft von einer Mehrzahl von solchen Vollbeschäftigungsmodellen auszugehen.

b) Ganz allgemein könnte aus dem letzten Teil des Referates von Herrn Kollegen Haller der Schluß gezogen werden, daß in einer vollbeschäftigten Wirtschaft Reallohnerhöhungen nur dadurch erreicht werden, daß bei k o n s t a n t e m Nominallohn der Lebenshaltungskostenindex mit der steigenden Arbeitsproduktivität absinkt. Das würde die oft vertretene These der reinen Mengenkonjunktur bei sinkendem Preisniveau und konstanten Nominallöhnen bedeuten. Hier beginnt aber das Dilemma, daß ein langsam im Gleichschritt mit der steigenden Arbeitsproduktivität absinkendes allgemeines Preisniveau bei konstanten Nominallöhnen die „Erwartungen" der Unternehmer negativ beeinflußt. Die bessere Lösung wäre doch dann wohl die, die Reallohnerhöhung durch laufende Steigerung der Nominallöhne im Gleichschritt mit der steigenden Arbeitsproduktivität zu bewerkstelligen, wobei der Lebenshaltungskostenindex also nicht abfällt, sondern konstant gehalten wird, zusammen mit dem allgemeinen Preisniveau. Wenn Herr Kollege Haller mit d i e s e r Schlußfolgerung einverstanden ist, dann sind wir uns einig.

Kolibri 360 GmbH
Ferdinand-Jühlke-Straße 7
99095 Erfurt, Deutschland
produktsicherheit@kolibri360.de

Druck:
CPI Druckdienstleistungen GmbH
im Auftrag der
Kolibri 360 GmbH
Ferdinand-Jühlke-Str. 7
99095 Erfurt